U0939057

CULTURE DIPLOMACY
THE IMAGE BUILDING OF CHINA
IN A GLOBALIZED WORLD

跨文化沟通

——国家形象的有效传播

徐波 ◎著

复旦大學出版社

序　一

中国人民大学新闻学院院长、国务院新闻办公室原主任、
全国政协外事委员会原主任

赵启正

我是通过已故中国著名外交家吴建民大使的介绍认识徐波同志的。他是吴大使近20年的老部下、老朋友。他曾邀请我出席联合国教科文组织的一个重要和平论坛，遗憾的是我因故没有成行，但因此与徐波有过数次接触，曾听他谈过在上海世博会及联合国教科文组织工作时的一些亲历的故事和体会，当时我鼓励他把这些故事和体会记录整理成书。今天，这本书已经成稿，即将正式出版，我特向他表示祝贺。

徐波的经历独特，曾当过外交官，在上海世博会是一线外事工作的负责人，后因表现优秀被推荐到联合国教科文组织工作。此书中的案例都是他十多年来从事国际沟通的亲历亲悟，读起来栩栩如生，是一部内容丰富，有国际视野和较强针对性的好书，我愿意向所有关心中国的国际形象、从事中国的对外交流和国际传播的朋友们，特别是外事外宣部门的朋友们推荐此书。

中共十九大明确提出中国社会走向全面复兴的两大历史节点，在接下来的和平崛起过程中，让世界上有更多的国家认同中国的发展，并与中国一道共同构建“人类命运共同体”，将是新时代的中国外交和外宣工作的一个重点。但讲好中国故事并非易事，有时甚至会比较难，而难就难在国情不一样，文化不一样。

我曾在各种场合提到“中国立场，国际表达”。首先，表达中

国要真实，中国的进步在世界上已经有目共睹了，我们应该有自信，不必刻意拔高甚至描画成高大全，存在的问题也要大方承认；其次，表达中国要生动，我们过去习惯用讲道理的方式说服外国人，但有些大道理外国人未必听得明白，而生动的故事更容易打动人，我们常说要“讲好中国故事”，就是要让我们的对外表达更加生动易懂，易于接受；最后，表达中国还要升华到中国的文化价值理念层面，否则故事讲得再生动，也仅是供人一乐，不能让外国人对中国和中国人有更深刻的理解和领悟。

徐波在书里说，中国与世界的沟通是跨文化对话，是一种谈心式的交流，要让世界看到中国的文化价值理念，看到中国除了对今天世界的商品繁荣作出贡献外，还能带来什么暖心的公共产品和希望？对这些观点我都很赞同。跨文化沟通不能是我们内宣工作的简单外延，也不是概念口号，更不是耀眼的 GDP 增长速度的罗列，而是对人类社会终极目标所给予的中国设想和中国方案，是人类人文合作中的“中国好声音”。徐波书中案例的可贵之处，就是它们是基于这种文明对话而深度策划的一个个项目，新颖独到，接地气又符合国际运作规则，它们试图在国际舞台上通过彰显中国人和平文化的价值理念，在哲学和文化的高度告诉世界为什么中国的崛起必然是和平崛起。

徐波有关国际沟通须“深度策划”“项目化”和重在“最后一公里”的说法非常中肯。书中还提到沟通者的职责，并将此崇高职业描述为友谊桥梁的“架设者”、文明交流的“摆渡人”和处理文化冲突的“排雷手”，十分形象。他提到的沟通人员的激情、担当和“她在丛中笑”的谦逊，也是我们能够在今天向世界讲好中国故事的关键所在。

随着中国走向全面复兴，中国外交的内涵外延也发生了深刻的变化。徐波的书告诉我们，讲好中国故事已不再是政府有关部门的专利，而是一项开放的全民工程，需要中国社会各界的广泛参与，需要我们从外交官到每个公民、公益人士、艺术家、企业家，特别是青年一代的积极参与。就是说，中国已经走进了公共外交时代，每一个中国人都是对外展示说明中国的担当者。公共外交，人人有责。

我还高兴地看到，徐波在巴黎发起成立了“吴建民之友”①，汇聚了包括法国前总理拉法兰在内的一批中国人民的老朋友，还包括相当数量的法国青年学生，他们都认同吴建民的和平对话思想，这是我们讲好中国故事和传播中国形象的重要国际力量。在此，一并向徐波同志表示祝贺。

2017年12月26日于北京

---

① “吴建民之友”(LES AMIS DE WUJIANMIN)：2016年6月由徐波等吴建民生前中法友人发起成立，2017年11月在巴黎注册，旨在弘扬吴建民大使和平对话思想，为中法两国，特别是青年一代交流架起沟通桥梁。该协会由法国前政要、大使、大学校长、学者、大企业总裁、记者、律师、艺术家及普通民众和学生组成，法国前总理拉法兰为名誉主席。

序　二

外交部外交政策咨询委员会委员、联合国前副秘书长

沙祖康

习总书记在十九大报告里明确提出，中国特色大国外交要推动构建新型国际关系，推动构建人类命运共同体。两个“构建”为我们指明了前进的方向。构建新型国际关系的核心是相互尊重，公平正义，合作共赢，共同走出一条国与国交往的新路。构建人类命运共同体的目标就是要建设持久和平、普遍安全、共同繁荣、开放包容、清洁美丽的世界。

实现两个构建，需要中国人民和世界各国人民的共同努力。实现中华民族伟大复兴的两个梦，也离不开世界各国人民的理解、支持和合作。其中的核心还是人。不同文化背景的人民如何相互打交道，建立共识是关键。这就涉及跨文化的国际沟通问题。对中国来说，就涉及我们如何按国际通行规则，以国际上大家听得懂的语言，在国际语境中与各国真诚对话，增进了解，建立互信。说到底，人心相通才是构建人类命运共同体的基础。

徐波同志的书给我们讲述了他在上海世博会和此后在联合国教科文组织两个平台上如何做国际沟通工作的心路历程。书中谈到的案例及感悟是其十多年来的工作积累和切身体会，读起来情真意切。我相信徐波同志的这一不平凡的经历和体会，对关心及从事国际沟通的广大读者来说无疑有一定的借鉴作用。

徐波的书同时告诉我们，倡导并践行构建人类命运共同体，

一要靠实力,二要靠沟通。而实力,则包括软实力;沟通,则主要是文化和理念的沟通。

徐波提出,在用好现有国际平台“借台唱戏”的同时,我们还需要积极开展与世界的对话,从价值、哲学、道德和理念的角度向世界说明中国的崛起为什么必然是“和平崛起”,进而回答加拿大青年柯伯格之问:中国的崛起对世界公益意味着什么?

沟通是一门大学问,需要懂沟通、能沟通的人群去做。徐波在书中提到,中国在世界上的人文崛起,需要培养一支强大的国际沟通队伍。他还特别提到,目前在包括 UNESCO 在内的整个联合国专门机构里的中国籍职员人数偏少、职级偏低。对此,我完全同意并深有同感。这一状况与中国当下的国际地位、影响和贡献严重不相称。我在担任联合国副秘书长期间,曾多次呼吁国内重视中国的国际职员队伍的建设问题。今天,在中国进入新时代,世界进入大发展、大变革、大调整时期,解决这一问题已显得更为紧迫。要向世界讲好中国故事,人是关键因素,而用好联合国这样的沟通平台,则是关键中的关键。

无论是在被誉为百年世博梦的上海世博会,还是在被誉为世界人文对话的道德高地的联合国教科文组织,我们都看到了一名心系祖国、胸怀全球的外交战士,为促进和推动世界文化对话所作出的努力。在国际舞台上讲好中国的故事,我们需要有成千上万个像徐波同志那样的人才。

我谨借此序,隆重向广大读者,特别是广大青年朋友推荐此书。衷心希望你们当中会有越来越多的人加入到中国与世界文化对话的崇高和美丽的事业中。

2017 年 12 月 26 日

序 三

中国社会科学院原副院长、学术委员会主任委员、教授、研究员

刘 吉

徐波同志是我忘年老友。他担任过中国驻法外交官、上海世博会从开始到结束全程的外事联络领导,又在联合国教科文组织中积极谋划中国与世界的沟通。长期的外事实践使徐波积累了丰富的实践经验,他既深度了解西方政治、经济、文化乃至生活习惯,更具有精准的全球视野。但,他不只是一位卓越的外事工作者,难能可贵的是他在实践中特别勤于思考,博览群书,还善于从实践中提出创造性见解和理念,并笔耕不倦,写出许多畅销而又有学术价值的著作。因此,我说徐波同志同时是一位学识渊博的学者,他是当之无愧的。

现在他的新作《跨文化沟通——国家形象的有效传播》即将出版了。约我写序,我兴奋地接受了这个"第一读者"的任务。这本书和他以往著作一样,既有许多生动真实的案例,引人入胜;又有在这些案例基础上涌现的种种创新理念,令人回味无穷!

读完书稿,我有三点最深刻的感受:

1. 在中国特色社会主义建设取得举世瞩目成就的同时,讲好中国故事,让世界精准了解中国,对中国的和平发展和推动人类全球化事业都是不可或缺的。这个"国际形象工程"是中国特色社会主义建设不可分割的一部分,必须认真、持续地与中国特色社会主义建设相适应地推行。

2. 国家形象如同企业形象或品牌一样，需要有价值内涵和对外营销，两者缺一不可。国家平庸落后，没有价值内涵，当然谈不上国家形象。当代中国正沿着站起来、富起来、强起来的道路和平发展着，国家形象越来越精彩，问题在于还需努力并善于“对外营销”。在一个全球化和市场经济竞争的时代，传统的“酒香不怕巷子深”的观念已过时了，靠几句政治官话和社论也远远不够了，最重要的是努力与不同文化背景的人民进行平等对话，既虚心倾听人家意见，又赤诚交心地介绍自己，思想工作就体现在营销之中。

3. 营销是一门学问，国家形象营销更是一门大学问，需要有专门设计。党中央的大政方针当然是第一位的，同时还需各部门、各级领导以及全民的各自实践。因此要进行全党全民的国家形象教育。同时，国家形象营销还需要一个个大大小小的具体项目落实推进。

这就需要有一批“国家形象工程”从设计到实施的卓越人才。徐波同志就是这样的一位人才，他已自觉地走在前面。他写的书包含一个一个深刻的实践案例。我在中欧国际工商学院工作许多年，工商教育特别讲究案例教学。徐波同志的书就是最好的“国家形象工程”的案例教育教材。

读徐波同志的书，我作为“第一读者”受益匪浅，特此郑重向广大读者(特别是领导干部)推荐。我确信每个读者一定会各有收获。

2017 年 12 月 8 日于中欧国际工商学院

作者自序

再过几个小时，我们将进入不平常的2018年。

40年前，小平同志开启改革开放，在彻底改变中国命运的同时，也彻底改变了我们整整一代人的命运。从我进大学到参加外交工作，改革开放所焕发出的活力使祖国在国际舞台上的影响力的不断提升，几乎贯穿了本人职业生涯的全部。而由于上海世博会的原因，阴差阳错，我又走上了一条与传统职业外交官不同的国际沟通道路。这条道路对我而言并非易事，但它风光无限，让我一路走来，经历、体验、目睹了许多颇值得玩味和值得与青年朋友分享的人与事。因此，写此书源于我内心深处那种掩饰不住的激动，那种对改革开放四十年的时代感恩。

我庆幸出生在这个荡气回肠的时代，目睹了祖国的强盛和在国际舞台上的不断崛起。总书记在十九大报告上生动描绘了中国走向全面复兴的两个“百年”和构建人类命运共同体的国际责任，而在这个伟大的进程中，自然就产生了中国在国际舞台上的形象塑造问题。也就是说，如何让世界感受中国的崛起不仅是商品、财富和“一带一路”的基础设施投资的增长，它同样是一种文明的崛起，抑或一种中国对人类社会的责任和道德理念的表达。

从本人十年筹办世博会的国际沟通，再到联合国教科文组织及其他各种国际沟通工作看，我觉得唯有跨文化沟通才能打动来自不同文化背景下的对话者，也唯有通过一个个经过深思谋划、形式新颖的项目，在符合国际规则和国际语境的前提下，我们才能真正与世界人民架起心灵沟通的桥梁。中央一再强调加强与世界的人文交流，而无论是“一带一路”的“民心相通”，还是“人类命运共同体”建设，核心都涉及人，都涉及那些也许与我们素昧平生，文化背景又大不相同的人。

感谢赵启正、沙祖康、刘吉等老同志在我国际沟通工作中所给予的自始至终的热情关心与帮助，特别感谢他们在百忙中为拙作写序，给予我那么多的肯定和褒奖。感谢老朋友白岩松、章新胜部长，以及韩方明主席为本书点赞。以上领导和朋友都是做好中国与世界沟通工作的榜样，是我学习的楷模，我谨向他们致敬。

诚如赵主任序言所言，中国已经进入了公共外交的新时代，每个中国人都有责任向世界讲好中国的故事。希望此书能对国内从事国际沟通的同行们起到抛砖引玉的作用，更希望本书对有志于国际沟通的青年朋友有所帮助。

吴建民大使是我的老领导和恩师，他在国际舞台上娓娓道来地讲中国故事，记忆如昨。他生前非常关心我在世博会和教科文组织的国际沟通工作，不厌其烦地听我讲述各种细节。他也曾多次鼓励我将这些沟通案例写下来反馈社会。在此，我谨以此书告慰吴大使在天之灵。

感谢责任编辑邬红伟老师为此书付出的大量时间及思想贡献。感谢复旦大学出版社前总编孙晶和马晓俊老师从一开始就给予我的热情支持。感谢中国教育部将此书列入 2017 年全国高校出版社主题出版物。由于各种原因，此书将在 2018 年元月问世，正好成为本人给这个伟大年代的新年献礼。

2017 年 12 月 31 日于巴黎寓所

目录 CONTENTS

第一章 跨文化沟通与国家形象的构建和传播

第一节 我游走在“后世博”国际沟通的舞台上

一、十年一觉“世博梦”

我确认，一个人想要丰富自己的人生经历，有时确实离不开机遇和你所处的那个时代。从这一意义上看，与外交部老一代职业外交官相比，我应该是非常幸运的。

从 2001 年本人作为驻法使馆外交官直接介入上海世博会的申办工作，再从 2004 年 4 月从外交部奉调来到上海支持上海世博局筹博和办博，掐指算来，我将人生最美好的十年献给了中国历史上第一次举办的(我不敢断言今后在中国是否还会有城市举办国际博览会)，也是世博史上最轰轰烈烈的一届世博会。

2010 年岁末的圣诞节，国际大都市，也是国人最引以自豪的中国最现代化的城市之一——上海，华灯照常齐放，南京路、淮海路、外滩、陆家嘴那些上海最著名的繁华地域，圣诞树像往年一样的好看，但在我眼里，这是近年来上海最缺乏国际大都市氛围的一个圣诞节。

2010 年 10 月 31 日，举世瞩目的上海世博会终于降下了帷幕，热闹了半年的世博园内再也听不到任何声音，纷至沓来的游客，包括远涉重洋的国际游客们的身影，再也看不到了，这一切来得那么突然，让 6 年多来为世博筹备工作忙碌不停，特别是在世博运营 6 个月里“胆颤心惊”的世博人多少有点不知所措。

这一切就如同一部精彩的好莱坞大片，电影放完了，你却全然不知，木呆呆地等着屏幕上出现新的画面，然而，这样的新画面却历史地注定永远不会再现了。

10 月 31 日以后的每一天，我没有沉湎在一个接一个的内部庆功酒会里，而是作为上海世博会中国政府总代表助理，尽我的工作职责，也就是说代表国家，把我们(其中又有相当数量是我自己)当年一个个招展邀请来的国际参展方的总代表们送到浦东国际机场。

我最后送走的是联合国展区总代表贝楠(Awni Behnam)夫妇。

很难想象如果换了别人，而不是贝楠夫妇，上海世博会联合国馆还会如此出彩。为了上海世博会的成功举办，我与贝楠夫妇成了无话不谈的朋友，彼此每天不见面，不通个电话，心里就会觉得缺少点什么(事实上，我们之间的友谊一直保持到今天，他来巴黎看我，我赴日内瓦看他，世博会已让我们今生永远在一起)。

他是在圣诞节前一周回日内瓦的。

在机场上，我们尽量掩饰自己的感情，希望在浦东机场只是暂别，而不是永别。因此，我们试图用法语再见（Au Revoir），而不是永别（Adieu）来定位我们之间的送行。

一旁的贝楠夫人，她平时本来话不多，现在她却很激动地对我说，一定要到日内瓦去他们家做客，一定要保持联系啊！

我对她说，上海就是你们的家，你们随时可以回来。上海有你们那么多朋友，大家都会想念你们的。

在他们俩转身进入边检的那个瞬间，我敢确认，两位老人已泪奔了。因为，我自己同样感觉到，泪水如同一股暖流似地从我的眼眶里往外涌，且又是那么不由自主。

从机场又回到市区，从车窗里往外看，冬季的上海，路人行色匆匆，商场里外人潮涌动，街道上时尚广告令人眼花缭乱，散发着一种披金流银的富贵感，然而，从这种上海人眼中的所谓洋气里，我蓦然觉得这座城市已缺了点什么，让我在车里坐卧不安……

我不知以贝楠先生为代表的国际参展方总代表的离去，是否意味着一个世博时代的结束？

记得在申博时，我们曾对上海 2 000 多万市民及在巴黎国际展览局成员国全体大会上强调过多少次，上海举办 2010 年世博会的意义是与众不同的，而这种不同简单地可归纳为两点：

1. 这是上海，乃至中国人民的百年世博梦，涉及一个民族的现代化理想；

2. 这是要将世界带给中国（Bring the World to China），是为了大大促进中国社会的现代化和国际化进程。

我真的不晓得，以贝楠为代表的最后一位国际参展方总代表走后，将世界留在上海、留在中国的申博承诺将如何兑现?

也许,我的理解过于狭隘,将世界带到上海,留在上海,体现在举办世博会的过程中;

也许,在上海或中国未来历史的某个节点,贝楠和更多的贝楠们会重回上海的,但这一天又会在什么时候到来?

为了履行这种承诺,本人始终不渝,为上海世博会申办、筹备、运营阶段的国际沟通劳作近十年,而人的一生,又有几个十年?

回想这难忘的十年,我几乎每天不间断地感受到国际社会在世博平台上与中国的跨文化对话,这种跨文化对话过程的纠结、迷茫、痛苦和喜悦,也只有我自己"春江水暖鸭先知"。

有道是"世上没有不散的宴席",在多少遍狂欢,多少次唱完"难忘今宵"后,上海世博会也终于落下了帷幕。

于是,我一次又一次地回到世博园区,徜徉在我熟悉的各个片区,想再次感受那种世博会期间的特殊氛围,特别是那高音喇叭播放的各种园区信息和那川流不息的参观人流和写在那些老人、女人和孩子脸上的笑容。

遗憾的是,这种特殊的风景再也看不到了,在我眼前呈现的却宛似一场绚丽多彩的大戏后,演员们在后台纷纷卸妆时的那种嘈杂;

望着一片又一片废弃的各国展馆,一种恍如隔世之感油然而生,真可谓"十年一觉世博梦"啊!

然而,梦醒时分,除了伤感与惆怅,除了看到十年岁月的悄悄流逝,留给我的还有那些我一生享受不尽的美好回忆,那些我与好朋友贝楠,以及数不清的各种肤色的贝楠们相处的难忘的跨文化对话的火红岁月……

二、呼唤2010世博会“精神遗产”

作为外交官申博到在上海世博会第一线办博，历史的原因，本人成为新中国外交官中唯一的一位自始自终参与世博外交的职业外交人员。

10年来，在本人长达3 600多天的世博经历中，我见证了多少中国与国际社会在世博平台上所进行的荡气回肠的跨文化对话。期间所发生的故事太多了，这些故事和案例，对处在全面复兴和走向现代化的中华民族又是非常有意义的！

为此，我觉得有必要去认真想一些问题，而正是这种扪心自问，逼迫我在世博会行将结束的前夕去思考类似上海世博会的精神遗产问题。

于是，在上海世博会进行到第一百天的时候，我专门找了贝楠，还有加拿大展区总代表，也就是国人20世纪80年代最熟悉的相声演员之一加拿大人大山，日本展区总代表塚本弘（他同时还是上海世博会国际参展方联席会议指导委员会主席），摩纳哥总代表凯瑟琳，阿尔及利亚政府总代表萨利姆，土耳其政府总代表厄兹索伊，以及意大利总代表办公室秘书长安绮丽等，我请他们与我们一起来总结上海世博会的精神遗产是什么？

为了这次大讨论，我还专门找了好朋友——华东师范大学世博研究院院长林拓教授，并通过他的团队，将与上述总代表们所进行的这次专门的有关上海世博会精神遗产问题的大讨论在上海《解放日报》连载。

记得贝楠在谈到世博遗产时，意味深长地援引了丘吉尔在英军赢得北非战场阿拉曼战役时讲的一段话：

“现在并不是结束，结束甚至还没有开始。但是现在可能是序幕的结束。”

(Now this is not the end. It is not even the beginning of the end. But it is, perhaps, the end of the beginning.)。

贝楠讲此话的用意很清楚，就是告诫我们，世博会有形的184天展期虽然要结束了，但后世博中国与世界的交流对话的新长征才开始。

这场有关国际参展方朋友对上海世博会精神遗产问题的讨论，使我愈发感觉到总结上海世博会精神遗产的重要性，而传承这种世博精神遗产的最佳方式，就是将这些参与上海世博会跨文化对话全部过程的国际参展方总代表们留在上海，让他们继续发挥世界与中国跨文化对话的桥梁作用。

在我的想象中，最好的方式是在后世博时代由上海世博会机构成立一个“‘城市，让生活更美好’基金会”(“Better City, Better Life” Foundation)，通过这个基金会，一则可以将上海世博后国际社会有关城市问题的大讨论继续下去，二则可以将190个国家、56个国际组织的参展代表们留下来，让他们成为这个基金会的理事，并每年举办一次盛会，讨论世界各国在城市问题上遇到的问题和最新的解决手段。

假以时日，这样的城市问题讨论会或论坛，也将成为世界上独一无二的城市问题“达沃斯”论坛。

说这话的，是贝楠等上海世博会国际参展方的一大批总代表们，他们是上海世博的铁粉，在他们的眼里，人类的城市化问题太大，世博会半年时间是无论如何也讨论不完的。只要地球上还有人，城市和城市化问题就会存在，这样的讨论就很有必要。而环顾世界，只有中国或者说中国上海才有资格和能力组织这样的国际大讨论。

他们中的许许多多人都对我说，只要上海举旗，他们就积极响应。

要知道，他们当中无数人已将上海世博会看作自己的家，多么希望这个家不要散伙，能够在后世博重新聚集起来，共同再在上海继续讨论人类的城市问题。

贝楠甚至对我说，这样由上海世博会外国参展方为主体的国际城市论坛，说不定，还会为今后上海建立某个城市问题的国际机构或联合国的专门机构打下基础。

就基金会的架构和运营模式问题，我也做了一番调研，论证了它的合理性与可操作性。

撇开文化对话等国际政治因素，从实务角度看，基金会也将成为世界各国就城市建设与管理问题进行讨论的大平台。

各国专家可以在此就人类城市化遇到的问题，如城市建筑硬件的理念、交通组织、清洁和再生能源、垃圾处理等提出最新的解决方案。

与历届世博会相比，上海世博会的另一个亮点是企业馆，如通用汽车、思科、万科，以及日本和韩国的企业等，这些中外参展企业的展馆从企业的角度为上述城市问题提供了最新的解决方案。但由于世博会大众交流、非商业化等性质所限，企业馆展示的这些先进的技术不能马上进入现实生活，从而为解决当今的城市病提供良药。

而一旦基金会成立，这些企业馆的馆长也将自然成为基金会的理事，基金会也将自动成为解决城市问题先进技术的交易平台，从而使国际社会在气候变化条件下的各种节能减排努力,再引入企业的实质性和产业化的参与。

当然,我想的更多的还是城市管理干部的培养问题。

如果没有一支中国和世界优秀的城市管理干部,上海世博会的主题及其 184 天的精彩展示都是徒劳的,而这种干部的培养,有了基金会的平台后就显得顺理成章,特别是国际资源的对接也会变得水乳交融。

我说这个话的底气是,有国际参展方朋友明确告诉我,哈佛大学城市规划学院就有兴趣与上海后世博会团队联合办班,一起培养上海和中国的城市管理干部,特别是年轻的市长们。

中欧国际工商学院国际领导力教席教授翟博思(Henri Claude de bettignies)曾多次建议我,在上海世博会园区内办一个世界公民学校(World Citizen School)。

他向我确认,一旦世博局有意向,他一定会非常负责任地为我找到国际资金。因为,在他的眼里,上海世博会代表着中国社会的一切,更代表崛起后中国的未来,世界各国大企业都愿意与中国打交道,成为这样一个国际高级管理学校的股东是他们求之不得的。

然而,由于当时大家的心思全都集中在 100 天后的世博运营中,我的建议并没有引起有关部门领导多大的重视。

3 天后,经过内部的"公文旅行",一位最终看到并接受文案的世博局分管领导对我说,他看了文案,觉得很不错,但他目前无暇顾及此类事。

在他看来,世博局甚至也不具备如此职能。

与此同时,贝楠等那批心快吊到嗓子眼的国际参展方总代表们,3 天后与我如约见了面,他们听完我反馈的消息后倍感惋惜,但我又能说什么呢?他们又能说什么呢?要不然,就是那句非常礼貌的外交用语,即他们对世博局的回复表示“非常理解”。

于是,从 11 月 1 日起至 12 月 31 日,我几乎每天都要到园区看看,向一座座异彩纷呈的国际展馆投去赞许的目光和依依不舍的眷恋,我深知,除了极个别的展馆能够保留,绝大多数参展方展馆将在不久后的推土机的轰鸣声中一一倒下,再化作灰土,被垃圾车一车一车地运往郊区的垃圾场。

冬日里的阳光惨白得吓人,照在身上也无法让人感到丝毫的暖意。

园区里除了三三两两的民工在工作,有时静得连麻雀声都听得格外分明,我默默地在园区路上走着,突然想到,上海世博会除了有形的展览以外,还应该有个无形的大展馆,那就是 184 天以来,上海、中国人民与世界人民零距离的接触所产生和建立的一个无形展馆,这个展馆的主题就叫“中国与世界的跨文化对话”!

有形的展馆是可以拆除的,无形的展馆是不能拆除的,原因就在于它是一座建立在人们心中的展馆,是一座永恒的丰碑!

三、从上海到巴黎,我又重新在路上

世博会曲终人散,世博人也将面临新的人生选择。

2010 年 10 月 31 日后,这一选择轮到我了。

与世博会战友们相比,我的选项有三:

1. 回北京继续当外交官,也许在世界某个国家再当个人使，完成我外交部同事或同学们同样的人生选择；

2. 留在上海政府机关（外事部门、国企或后世博开发公司）；

3. 继续完成上海世博会没有完成的跨文化对话工作。

由于本人长期参与中国与世界在世博平台上的国际沟通，联合国教科文组织参展上海世博会的协调人、教科文组织战略事务助理总干事汉斯·道维勒（Hans d'Orville）先生是个有心人，他对我代表中国与世界246个国家和国际组织的跨文化交流所作出的贡献非常熟悉，而跨文化沟通促进人类和平与可持续发展，既是国际展览事业的宗旨，也是联合国教科文组织的宗旨。

道维勒先生非常郑重地将我推荐给联合国教科文组织总干事博科娃（Irina Bokova）女士，我又与博科娃女士在中欧国际工商学院的论坛上当面就跨文化沟通问题交换意见，并将我一年前写的《上海世博会与人类跨文化对话》[①]一书送给她。

2016年6月与博科娃总干事在教科文招待会上

① 徐波：《上海世博会与人类跨文化对话》，上海锦绣文章出版社2010年版。

博科娃女士对我作为一名中国人,如此热衷于不同民族之间的跨文化对话感到欣慰,甚至有点意外的喜悦。

她对我说,她期待更多的中国人参与到教科文的人类文明对话之中,认为中国是个大国,不仅应该在广泛的国际政治和经济事务中有更多的作为,更应该在人类文化对话的舞台上听到更多的来自中国的声音……

也许,这就是人们所说的机遇!

在上海世博会帷幕降落后,联合国教科文组织人类文化对话的使命又在召唤着我,于是,从上海到巴黎,人类文化对话,我又重新在路上。

当我将这一决定告诉我的好朋友贝楠时,他连连竖起姆指说,UNESCO[①],太好了!太好了!

当我将此决定告诉 2010 年上海世博会中国政府总代表华君铎大使时,他深情地对我说:"徐波,时代变了,中国外交内涵与外延也变了,教科文组织需要像你这样有准备、有热情的中国外交官。去吧,你一定会像在上海世博会一样大有作为的!"。

当我将此决定告诉国际展览局名誉主席吴建民大使——这位与我相知近 20 年,特别是在"后驻法使馆"公共外交平台上并肩战斗、我最尊敬的老领导时,他语重心长地对我说,这是一项重大的决定,会使我的人生更有意义,但这样的选择在外交部没有先例,劝我要将困难想得多一点,做事光凭热情是不行的。

① UNESCO,联合国教科文组织简称,全称为 United Nations Educational, Scientific and Cultural Organization。

但他对我又是如此放心，十年来的世博岁月，我们之间心心相印，他从内心希望我能在后世博继续为中国与世界的交流架起新的桥梁。

当然，当我将自己的决定告诉国际展览局主席蓝峰和秘书长洛塞泰斯时，他们俩都对我笑笑说，没有比这样的选择更适合我的了。

2011 年 1 月 15 日黎明时分，我乘坐上海东方航空公司 MU 553 航班顺抵巴黎戴高乐机场，当我阔步走向机场海关，向边检官员递上我的护照时，心里突然冒出一种别样的感觉，这种感觉很奇妙，却分明源于我的内心深处。

我突然问我自己，与每次进入法国海关不同的是，此次你进入法国，将不再代表上海世博会使命，甚至不代表中国政府的使命，你要承担的使命，将是在更重要的联合国舞台上推动人类的跨文化对话的和平事业。

于是，如同一名重新踏上征途的战士，我马不停蹄又来到巴黎军事学院附近，与埃菲尔铁塔一步之遥的联合国教科文组织总部，并在战略规划署(Bureau of Strategic Planning)行政秘书 Mary Lynn 的帮助下，签字、拿办公室钥匙、开通电脑网络，开始我教科文组织战略事务助理总干事特别顾问的第一天工作。

说实话，我知道教科文组织希望我加盟的目的——就是要通过我在上海世博会申办、筹备长达十年建立、积累的国际网络及我与中国社会各界的关系，为教科文的人类文明对话和平事业争取到更多成员国公民社会的支持。

我也更清楚我的人生新使命，为什么年届 50 岁，又一个人舍家撇业开始一番很有可能会成功，但也许会充满不确定，甚至各种困难的新长征?

在教科文组织窗明几净的食堂里,面对着拔地而起的大铁塔,各种肤色的同事们,大家都不约而同地会问起我各种有关上海世博会的问题,我俨然又有一种当年世博会接受外国媒体采访或接受外国代表团访问世博会的感觉。

在这种别开生面的解答会中,最让我得意的是,在我所有中国和外国同事眼中,上海世博会已成为中国和平形象的一个名片。

然而,在我将脚步再移出几步,离开教科文组织的院墙后,我却不得不需要正视一个始料不及的问题——那就是在法国社会,中国如何在一夜间成了一个“缺席的被讨论者”?

回忆2004年4月离开巴黎前,我注意到当时的法国舆论对中国就十分关注,有关中国的书籍汗牛充栋,电视、报纸上各种有关中国的消息更是络绎不断。

6年后,当我结束世博会工作重返法国时,再巡视巴黎街头巷尾,从大学到智库再到电视台,议论中国更成为一种时尚,中国已成为法国人生活中一个挥之不去的“因素”,这种转变速度之快让我惊讶。

然而,在法国人争先恐后讨论中国问题时,中国却越来越明显地扮演着一个“缺席的被讨论者”的角色,在走马灯似的“中国问题研讨会”里,在法国的电视和媒体上,我鲜有听到或看到中国人自己的声音和“身影”,更多的是所谓的法国“中国通”们在那里忙碌点评,抑或试图帮助法国公众解读发生在中国的人与事。

来到巴黎的第二个始料不及的感觉是,法国媒体已不是我在上海世博会时所熟悉的那些媒体,那些对上海和中国城市化的赞誉已被批评声所代替，不知何故，法国媒体突然变得对我们国内所发生的一切越来越挑剔，甚至不耐烦。

从 2011 年 1 月返抵巴黎的第一天到提笔写此书的今天，我发现总有一些法国和西方媒体对中国持批评态度，其论调无非是“中国威胁论”“中国傲慢论”，抑或“中国崩溃论”。

我清楚地记得刚回到巴黎不久，我就发现法国媒体喜欢从中国商品入手来解读中国，要么报道法国超市里质量有问题或让法国消费者皮肤过敏的中国床垫、电阻丝质量有问题引起短路后爆炸的电热毯，要么是中国在马赛大学的留学生考试集体舞弊，或者中国企业的工业间谍案，后来居然演绎成中国大使馆在巴黎南郊招待所“007”电影式的间谍案，捕风捉影地将此说成是间谍中心。

最近几年来，这种媒体焦点又转向了对北京、上海等中国大城市的环境污染、中国农村贫困和中国反腐所揭露出来的严重政府官员腐败问题等。

要不然，就是中国与周边国家的领土领海纠纷，与美国、日本的战略冲突或中国对世界石油、天然气、铁矿等自然资源和世界市场的觊觎和由此引起的世界原料市场价格上涨问题。

再或者就是接连不断的媒体报道——不是中国买家如何收购波尔多酒庄、诺曼底奶牛场、图鲁兹机场、中部地区数千公顷的农田，甚至法甲球队等，就是巴黎老佛爷百货公司前摩肩接踵的中国游客们，一个个大包小包、大呼小叫“血拼”。

在法国人眼中，中国已全面超过 20 世纪 80 年代的日本，正在把整个“法兰西”买下，更有个别法国人直言不讳，说是中国“要把小法国吃掉”了……

显然,在巴黎,中国的国际形象并不是那些前来参观上海世博会的法国政治家、企业家和青年学生眼中的那个欣欣向荣的中国,法国人,欧洲人,甚至更广义地讲,世界人民,他们根本不会从世博会来看中国的(事实上,世博会吸引的外国参观者也只占参观人流的3%),他们的中国观更多地来自他们生活周围的舆论环境,而这样的因地理、语境和看问题角度不同造成的差异,无疑需要我们在184天世博会后,也就是整个后世博阶段,要全面考虑中国在世界上的形象塑造问题。

第二节 “和平崛起”的海外形象
——一个中国人不能回避的问题

从抵达巴黎的第一天起,热心的朋友们总会提醒我,中国需要重视其在海外形象的设计、塑造和有效传播问题。

这些朋友忠告的理由归纳起来有三条:

1. 中国的崛起史无前例,法国人,欧洲人,乃至整个西方世界需要对这样的崛起有一个从不熟悉到熟悉和接受的过程;

2. 由于体量太大,任何中国的问题都会演绎成世界问题,无处不在的中国因素,需要中国无处不在的耐心说明;

3. 中国需要告诉世界,中国崛起后的价值理念与世界是一致的,中国崛起对法国、欧洲和全世界有利,对人类的世界和平与发展有利。

诚然,朋友们的三条建议都对,也算中肯,中国要在世界上树立良好形象需要的就是沟通与有效传播,如相互了解。

想当年上海世博会,如果国际参展方总代表对我们不了解,他们就会对我们好多做法不理解,甚至不接受。如,有一个很好的例子,就是邀请武警来维持园区排队秩序问题。当看到园区内潮水般的人群后,他们也纷纷希望我们派遣武警来维持他们外国展馆的排队秩序。

许多外国参展方总代表对我说,上海世博会给他们的众多教益之一就是加深了对中国国情的了解。当他们知道中国的人口既是优势也是问题时,他们对中国政府制定的政策就更有真情实感。

然而,与国际参展方主动与我们沟通,入乡随俗,尊重东道国风土人情并尽量理解中国国情的同时,我们与国际社会主动对接了吗?

在海外,法国人,欧洲人,世界人看到的是一些中国人在海外那种与一个欣欣向荣大国形象怎么也不太吻合的表现,虽然仅系个人行为,但合在一起却往往被误解成为国家的形象。

如,我在巴黎做导游的大学同学对我不至一次地说过,中国游客喜欢反客为主,他们不仅在饭店里大声说话,还会情不自禁地在餐厅里泡方便面,吃榨菜,搞得餐厅里全是方便面味。

更有甚者,我还在网上看到夏天卢浮宫金字塔广场前的水池子,国人居然将脚放在里面纳凉放松。我不知照片的出处,但背景分明就是卢浮宫,一点也不假。

为此,半岛电视台还曾经专门做过一个中国游客在巴黎的短片,镜头里全是乱哄哄的场面,一位法国餐馆的女主人在喋喋不休地诉说中国旅客如何在其店内大声喧哗，甚至随地吐痰，然后导游又是如何希望她的餐饮周末不要休息并将餐馆从此改为中餐馆……

就国人在境外的种种陋习，国内媒体连年喊打，给这些不文明的行为形成了强大的舆论压力，但最难做到的还是改变我们的思维定式，即日常生活细节中体现出对东道国文化和习俗的必要尊重。如，我曾在十年前经历过巴黎11区全体区政府工作人员连续二次罢工，抗议华人在该区的一条街上一口气开设了几十家服装店，害得世世代代住在那里的法国老百姓突然早晨买不到面包棍、喝不到咖啡了！

这次回到巴黎后，法国人又告诉我，中国人开始进入法国人传统的香烟专卖店经营领域了，这些法国人特别担心中国人会星火燎原，慢慢将法国人传统的香烟行业蚕食掉。

说实话，我对华侨不屈不挠的创业精神一直心存敬意，但进入一个最具有法国文化象征意义的香烟专卖领域，让我觉得不仅挣那种辛苦钱不易，更觉得有点滑稽。

试想，这些香烟专卖店是法国人买烟、买政府各种税票的地方，挣钱不多，但又事关百姓生活，这就如同法国人一夜之间将北京胡同和上海弄堂口的便利店给占了，让人看到这些金发碧眼的老外坐在店里吆喝，总有一种荒诞不经之感！

这也使我回想起若干年前，在意大利佛罗伦萨附近的小城普拉多(Prato)形成了一个华人社会飞地，一度成为意大利社会的一个热点问题。

意大利人怎么也没有想到，在自己的国家出现了“国中之国”，而这一切均是由于当地华人与意大利社会融合不够，或沟通不够。为此，当我出差米兰时，华侨周先生就曾对我不无感慨地说，国人的这种反客为主的做法非常不好，它最终对在意大利遵纪守法生活的华人带来不好的影响，对整个中国的国家形象的影响，就更不要说了。

我同样想起巴黎出租车司机对我说过的话。

这司机是一位阿拉伯后裔，他说："你们中国人太厉害了，不像我们阿拉伯人，高兴不高兴总是挂在脸上，法国人一眼就把我们看穿了，而你们呢，从来不与法国社会打交道，整天自己在一起，安安静静，不知在想什么，但突然间你们就发了，整条街都是中国人开的店……"

与这位阿拉伯后裔司机的话相对应，是法国媒体刻意描述的那种"另类"的中国形象，如中国企业在法国中部购买的农田，未看到中国企业有任何开发计划，也没有见到投资人的身影，类似国内开发商屯地，让当地政府和农民倍感不可思议。

至于购买法国足球队，法国人也问我，不知道中国投资者图什么？

在法国媒体看来，中国企业加入欧洲豪门足球队球员转会交易，使原已变异的足球市场更加偏离足球比赛的本质，是个搅局者的形象。

法国朋友对我说过，法国小，中国大，法国有法国人多年形成的做事方式，中国有中国的做事方法，但在法国的土地上，应该是中国适应法国的方法，而不是相反。

一位在法国中资企业工作近十年的法国高管就曾对我亲口说过，中国员工对法国客户说话的方式完全是中国国内的那种方式，有时还不免有些颐指气使，对法国设备的落后和客户对新技术的不了解时常流露出不屑一顾的神情，这在法国是非常忌讳的。

还有一位做投资的法国朋友曾对我感慨道,有些收购法国企业的中国买家们,谈判伊始就把法国企业的标的价格砍掉三分之一,口气很大。他们还会在谈判过程中将另一个法国同行引入竞争,但一旦进入实质性谈判时,这些人又不见了,让人觉得不可思议。

在这些朋友眼中,由于个别中国人做事缺乏正确的对外沟通,且行事方法不合常规,使法国人对中国人的总体行为模式不甚理解,推而广之,从对个别中国人的行为不理解上升到对中国作为国家在世界舞台上的崛起不理解,甚至抵触和反感。

美国著名的皮尤民调中心(Pew Research Poll Center)曾经连续十年在法国做了有关法国人眼中的中国形象的民调,最好的时期是2005年,好感超过60%,但随后是不认同感(恶感)连续上升,平均都要超过50%,2008年由于奥运火炬事件,超过71%,为历史最高,2016年也达到了61%,而2016年应该是中法关系非常平衡发展的一年。

与法国的情况类同,皮尤就中国形象在德国的民调同样显示,2006年德国人对中国好感达到56%,2016年下降至28%,不认同感上升为72%。

英国的情况也一样,2006年好感度65%,2016年下降至37%,不认同感上升到63%。

其他欧洲国家2016年的好感率也都普遍比较低,如意大利(32%),西班牙(28%),但希腊和奥地利例外,分别是57%和52%。

我们需要了解的是,是什么因素让法、德、英、意、西班牙等欧洲国家的民意对中国的印象出现如此大的变化?

2006年至2016年,十年里中国在海外的形象究竟发生了什么?

从中国的角度看,2006年至2016年是中国和平崛起最迅速的十年:

首先,中国的GDP在这十年里一路高歌,从2006年的21.8万亿元人民币增加到2015年的67.7万亿元人民币,十年中国GDP提高了300%;

其次,中国成功举办举世瞩目的2008年北京夏季奥运会和2010年上海世博会;

最后,2008年世界发生金融危机,中国政府出台4万亿人民币大规模投资,给世界经济注血,是中国经济拯救了世界经济。

如此,令人倍感困惑的是,面对中国如此靓丽的成绩单,欧洲和西方民意为什么对我们不认可?

当然,面对皮尤民调,我们可以用其采样不科学或西方人特有的眼光审视中国,对中国的崛起有种种不适应等理由来不接受这样的结果,如,中国的形象在发展中国家依然很正面,好感率极高,如巴基斯坦(82%),还有在非洲国家如加纳(80%)等,在俄罗斯同样有极高的好感率(79%)。

此外,我们甚至可以从国际关系史角度解释,当一个大国崛起时,会引起其他大国的反弹和遏制,民意是一种晴雨表,这一点不仅可以从美国人对中国的民调中得以证实(63%不认同),也可以从周边国家的地缘政治中找到答案,如相当高的民调的不认同率,日本(89%)、越南(74%)、土耳其(59%)。

在法国,我们还可以从法国人的思想传统和民族性中去寻找答案，如，法国人信奉的伏尔泰式的批评精神，特别是目前法国社会的中坚力量全是当年中国“文革”时巴黎“五月风暴”的参与者，这些人依然将追求平等社会视作其人生历史职责，在他们的心目中，自觉或不自觉地要守住那个“平均主义”的中国形象，而非经济突飞猛进后，一个在“市场经济”下的“贫富两极分化”的中国社会形象。

然而，生活在巴黎，我比任何时候都感到，中国已不能作为一个“缺席的被讨论者”，任凭法国媒体单方面演绎中国。

相形之下，国家有关部门曾经作过努力，并制作了各种版本和时间长度的国家形象片，有的甚至在美国纽约时代广场上连续播放，有的通过 CCTV 海外电视频道播放，但这样的形象片大多因为故事性不强，针对的也只是那些步履匆匆的街头游客，效果值得商榷。

至少，就是通过 CCTV 直接播送的宣传片，也只是靠法国的饭店接受此类节目，受众还是游客，根本进不了主流法国家庭。

因此，要改变“缺席的被讨论者”的角色，一是需要更多的中国公民更主动地参与那些包括与法国社会在内的世界各国公众的沟通与对话；二是在方法上重新审视那种或由国家花巨资并借助国有传媒工具，或那种类似在纽约时代广场广告片投放的对外传播方式；三是重视从内容上讲好中国崛起的故事，也就是通过跨文化沟通的方法，真正静下心来，与世界人民开展一场心与心的对话。

其实，就此类问题，国内严肃的学者早已向中国社会各界发出警告，如上海华东师范大学许纪霖教授就认为，中国的崛起，不能只给世界带来金钱和商品，而是要带来一种新的文明理念。

换言之,在许纪霖等人看来,中国迄今在世界上的崛起是富强崛起,远没有实现文明崛起,也就是说,中国崛起迄今还没有给世界带来任何有关人类未来价值取向、道德伦理的启示或变化。

说得更白一点,中国需要改变一种 GDP 惯性下看世界及与世界沟通的思维和行为模式。

不妨看看 GDP 思维是如何损害中国的国际形象的吧!

在 2012 年瑞士达沃斯世界经济论坛上,世界贸易组织总干事拉米曾这样警告过我们。他说,国际社会有人认为:中国是“资源掠夺者、新殖民主义者,以及技术盗用者”,也就是说,中国是个“不按规则行事的国家”。

这位法国政治家还向世界媒体表示,相比国际贸易,国际投资尚不存在任何国际游戏规则,而伴随着中国在海外井喷般的巨额投资,如处理不慎,将会引发国际公众观感问题,从而给中国形象带来新的麻烦。

2016 年圣诞节前夕,巴黎最古老的德鲁奥拍卖行(Hôtel Drouot)拍卖师联合公会主席纪格罗(Alexandre Giquello)如释重负般地告诉我,中国买家终于将其拍到的一枚乾隆玉玺的款项如期汇入德鲁奥了。

拍卖、举牌、付款、交割,原本是商家规则,千百年来古今中外颠扑不破,但说此话时纪格罗分明是一种心有余悸的口气,这不免让我想起国人举牌又拒付款的各种先例,最有典型意义的就是当年高举爱国旗帜的某位福建藏家,将巴黎拍卖会上一对被当年八国联军掠夺走的兽首,先是大大抬高拍卖价,然后在其举牌成功后又对拍品拒不付款,说是要对法国帝国主义当年的掠夺行径予以有力打击。

这一让人匪夷所思的举动，把当年巴黎拍卖行业搞得沸沸扬扬，它是法国拍卖界几百年来很忌讳的事，古今中外商家的底线居然被以爱国主义的名义如此轻易地践踏了。

纪格罗满脸诧异地看着我，继续对我说道，他自己的拍卖行也同样遇到过中国藏家拍卖后拒付款的情况。

他说，不管语言、文化、宗教和历史差异，行规就是行规，对谁都一样，没有规矩，人类的商业世界会变成什么样？

他双眼圆瞪继续望着我，仿佛要从我这个中国人的脸上解读出什么与众不同之处！

也许，许纪霖教授的话是尖刻的，拉米的话危言耸听，纪格罗的话让人啼笑皆非，但这些人的话“话糙理不糙”，听起来会让我们深思半天，也就是说，我们需要回答，中国人是否是这个世界的“另类”？

这些话也让我想起吴建民大使生前多少次对我所说的，中国人一定要与国际社会“合群”！

为此，我们所说的跨文化对话，就是要让世界懂得，尽管由于服饰、饮食和语言不一，但中国人的情感世界和道德理念及幸福观是与世界其他民族一样的。

如果说上海世博会是中国与世界的一次有益的文化对话尝试的话，那么，它本身就是中国与世界各国就世界城市化未来及其理念和价值取向的一次真诚对话，通过这次对话，它希望让世界了解理念基于文化背景，及其人口、土地、环境等因素和价值取向的中国人的城市观。

那么，就中国崛起的命题，我们又告诉了世界什么？

在挑剔的法国知识分子看来，一些国家伦理、价值取向问题是容易解读的,如一提到法国,人们就自然会想起“自由、平等、博爱”的法国大革命思想,谈到美国就是实现个人价值的“美国梦”,但目前中国的国家形象对外传播策略既没有诠释中国文明与世界文明之间的关系,也好像对这种关系的差异性或一致性无动于衷,甚至不乏有人一直在反对这种共同性,担心由此会认同所谓西方世界所倡导的“普世价值”。

因此,在这些法国知识分子眼中,中国对与世界文明和价值理念对话多少有点“缺乏热心”,多少有点难以解读中国崛起究竟会为这个世界带来什么?

由许纪霖教授的话,让我同时想起著名学者杜维明教授对我曾经说过的一段话。

他说,中国既然已与美、英、德、法等西方主要大国建立了从战略安全、经济金融、教育文化在内的各种高级对话机制,为什么就不能与这些国家进行一次“价值观念”与“道德伦理”的对话?

已回到巴黎郊外欧洲商学院 INSEAD(2015 年、2016 年连续两年排名世界第一的商学院)任教的老教授翟博思提醒我,如果中国政府真是想要通过中国经济腾飞的奇迹向世界说明“中国模式”的有效性和合理性,那么,中国需要解释清楚这种模式的价值理念是什么?这种模式对广大发展中国家和世界和平与可持续发展又意味着什么?

我臆断,跨文化对话有效传播国家形象的意义,也许就是要向世界说明中国崛起的和平性是源于中国的历史文化和哲学基础,是一种在世界舞台上经济崛起、军事崛起和政治崛起后,体现中国人对世界文明价值贡献的崛起!

它更应该是一种 value-based(建立在价值观上的)国家正

能量形象，是中国梦的故事中让世界为之动容的那种心灵深处的东西，一种中国与世界共享的文明价值，而非是一种虚幻的政治口号，铺天盖地似的广告宣传……

第三节 教科文组织与国家形象的有效传播

一、张学忠大使如是说

联合国教科文组织总部的位置得天独厚，它是法国政府当年力邀教科文总部落户法国而在巴黎塞纳河左岸献出的最好的一块土地，从我 5 楼的办公室，我看到拔地而起的埃菲尔铁塔和古堡般的巴黎荣军院，在那金色熠熠发光的穹顶下，安葬着法兰西的民族英雄、一代枭雄拿破仑皇帝的遗骨，而与我隔街相望的就是著名的法国军校，它曾经培养了像拿破仑那样的世界著名军事家，这里还经常会有军队的直升机起降，里面乘坐的不是处理紧急公务的共和国总统、总理，就是来访法国的各国政要。

在如此充满沉重历史感的地方，我必须从历史入手，向历史学习，搞清楚教科文组织的历史使命。

于是，在我抵教科文组织的第一周，我就想到我的老朋友、原中国驻教科文组织代表张学忠大使。

我与张大使比较熟悉的原因是当初在吴建民担任驻法大使期间，吴大使对常驻团的工作非常关心，常常过问所有工作细节。

同样，张大使对吴大使和使馆的工作非常支持。我记得，当我们接待朱镕基总理、胡锦涛主席访问法国和国内接连不断为上海申请2010年世博会的申博团时，张大使总是在第一时间把他的精兵强将派来支援使馆的接待工作。

在教科文总部窗明几净的餐厅里，我见到已退休赋闲多年，随同夫人常驻教科文组织的张学忠大使。

张大使对我来教科文工作还真有点"喜出望外"。他对我说，教科文新的工作很适合我，并颇有几分得意地对我说，你干这个工作比在外交部有意思，能让你为国家做更多的事情……

张大使是北大的高材生，大学毕业后一直在中国教科文组织全国委员会秘书处工作，他从普通工作人员干起，最后担任这一重要机构的秘书长，后来是常驻教科文组织中国代表(大使衔)。

谈到教科文组织，这位一辈子献身教科文事业的老同志非常兴奋，他如数家珍地给我掰着手指，一字一句对我说，教科文的国际人文使命对转型时期中国社会的发展和中国在国际上树立和平崛起的国际公益形象有很大的帮助。

他说，刚发表的中共十七届三中全会报告里中央提出的各种中国社会发展愿景，我们在教科文日常工作中都可以找到对应的国际项目，如：

中央提出科教兴国战略，教科文就是世界上最大的科学与教育合作、发展组织。从扫盲教育、职业教育到终身教育，教科文在教育方面的国际使命无所不包，而教科文的科学使命则从科技创新到科学伦理，洋洋洒洒，博大精深；

中央提出建设文化大国、文化强国，教科文是联合国系统唯一的国际文化合作组织，其世界文化遗产、自然遗产、非物质文化遗产、水下文化遗产，以及以创意城市为代表的文化创意产业项目，均是中国建设文化大国宝贵的参照体系；

中央提出建设“美丽中国”，将环境保护、土地整治和城乡一体化发展等问题上升到将一个什么样的地球交给下一代的高度，而教科文创建于 1971 年的“人与生物圈计划”(Man and Biosphere Programme, MAB)就是一项对“美丽中国”直接能够予以量化指标的衡量体系；

中央提出建设“和谐社会”，教科文社科部就有一个“MOST”(Management of Social Transformations，社会变革管理计划)计划，就是针对发展中国家如何处理转型期间各种社会问题的管理项目；

最后，张大使又笑着对我说，你别忘了，教科文还管海洋，其海委会(Intergovernemental Oceangraphic Commission，政府间海洋学委员会)是世界上最大的政府间合作组织。

说到此，他用非常严肃的眼光看着我，对我说，中国是海洋大国，但我们多年来没有做好海洋的文章，现中央提出中国要当海洋大国，海委会就是一个非常好的平台。当年，海洋局的同志参加了海委会工作后十分感慨地说过，开了三天会，胜过我们向阳红考察船三个月的野外作业……

张大使提醒我，有些事情，与其单干，不如利用现存的平台。而且，他顿了顿，意味深长地说，在南海的海洋生态保护方面与海委会一起干，对中国提升在南海的安全利益和国际形象都会有直接帮助。

总之，在张大使眼中，教科文组织教育、自然科学、社会科学、文化、信息和新闻五大部门领域的工作，几乎都可以在中国当今的和平崛起和社会转型中找到对应的项目，换言之，教科文的事业是为今天的中国量身定制的……

我告诉张大使，正因为教科文的国际人文使命构成了中国在国际上提升软实力和营销国际公益形象的多边国际平台，我有意与凤凰卫视联手，拍摄一个有深度的纪录片，将教科文组织的方方面面向国人做个全面介绍。

我问他能不能给片子当顾问？

我说，教科文在中国知识界和青年人中的知名度很高，特别是其遗产保护项目，在中国几乎家喻户晓，但教科文仍有许多好东西国人未必清楚，我策划拍摄此片，就是想从教科文组织的诞生第一天说起，讲她与中国的关系和对中国社会人文事业不同时期发展提供的帮助。

后来，这个片子在教科文组织成立 70 周年之际，也就是 2015 年 11 月由《凤凰皇牌大放送》栏目对外播出了，但遗憾的是，在片子播放前的半年，由于直肠癌复发，病魔已夺走了学忠大使的生命。

我为失去这样一位好领导、知音、老朋友、好兄长悲痛万分。

在教科文工作的六年期间，每当我遇到困难时，我就想起张大使，想到他对我在后世博投身教科文工作的那一席热乎乎的话。

学忠大使是当今中国不可多得的教科文问题专家，一辈子奉献教科文事业，对教科文工作有感情，对我们这些在教科文工作的中国同事倍加爱护、充满深情，他的逝世让我失去了一位良师益友，此时此刻任何文字难以描述我的思念，而他对我的那些期许，以及他对今天中国深度参与教科文组织的各种设想,也已成为我心头永远挥之不去的忧伤……

想当初我与学忠大使在教科文餐厅别后重逢,我和他畅叙中共十七届六中全会描述的中国社会发展与教科文组织国际使命,是如何丝丝如扣般地吻合。现如今,中国社会已进入十九大所描绘的战略宏图实施中,中国参与国际人文事业和国家软实力形象提升,已提上各部门更为紧迫和具体的工作日程,学忠大使的嘱咐和他沉稳又不乏激情四射的话语,仿佛又回响在我的耳际……

二、姆博让我认真研读《组织法》

教科文组织总干事阿马杜-马赫塔尔·姆博(Amadou-Mahtar M'Bow)是教科文组织历史上一位里程碑似的人物,研究教科文史,不可能不提到他。

他不仅是第一位来自非洲的教科文总干事,也是教科文历史上任期最长的一位总干事(1974—1987),共 13 年。可以说,姆博给教科文打下的烙印是教科文史上十任总干事无人能与其相伯仲的。

有人说,他是教科文最辉煌时期的象征;也有人说,他是第三世界在教科文当家作主的中流砥柱。

当年他曾带领广大发展中国家,在教科文舞台上与美国为首的西方国家对着干,要求建立一个公正、平等的国际新闻新秩序,以改变南方国家因为媒体资源贫乏、技术落后而在国际舆论战中总是处于弱势的局面……

我敬仰姆博的另一个原因是在他治下 13 年,教科文组织出台了很多在国际社会影响很大的文化项目,如“丝绸之路”

“奴隶之路”等，这些项目通俗易懂，公众认同和参与性强，对普及教科文国际人文使命很有帮助。

我之所以能够见到姆博，也正是多亏当年“丝绸之路”项目的负责人迪安(Doudou Diène)博士的引见，是他将我的会见要求和谈话要点转告姆博，然后，在2015年5月的一个星期天上午，在教科文组织总部大楼，我见到了我心目中的传奇人物和英雄姆博先生。

94岁高龄的他，在他儿子的陪同下，大步向我走来。

我说的大步，真是一点都不夸张，他的身高1米80以上，也许是年事高的原因，高大的身躯略有弯曲，但他的步伐又是如此坚定。

他拉着我的手，好像是久别的朋友，嘴里还不停地说：“来来来，我们好好聊聊中国与教科文的故事”……

作为塞内加尔的资深政治家、教育家，姆博对发展对华关系历来非常重视。

他告诉我，1975年，也就是他刚刚当总干事的第二年，他就决定访问中国，并在北京医院与病榻上的周恩来总理进行了长达一个多小时的对话。因此，姆博也成为周总理生前会见的最后一位外宾。

姆博向我详细回忆起40年前他与周总理对话的情形。在这次对话中，他看到了“文革”后期心力交瘁的周恩来及其对发展中国和教科文组织关系的期待。

姆博还给我详细描述了他两次见邓小平的情形。一次在1975年，另一次在1978年。当姆博第二次见邓小平时，“四人帮”已经被粉碎，邓小平表达了中国要与教科文加强合作的迫切愿望。

然后,姆博与我谈话让我印象深刻的内容,还不仅仅是他与中国高层领导人见面的轶闻,而是他让我认真阅读教科文《组织法》(Constitution)的忠告。

我们的话题是从联合国教科文组织与联合国创建的历史背景、使命的异同引发的。

我问姆博,《联合国宪章》和联合国教科文组织的《组织法》,都是以维护世界和平为己任,两者究竟有什么大的区别?

姆博对我说,考察两者在和平使命上的区别首先要研究两个机构根本大法制定的时间和背景,尽管两者均是要在二战废墟上致力于世界和平大厦的建设,但《联合国宪章》的文本在 1945 年 6 月就已完成,而教科文组织的《组织法》是从 1945 年 11 月 1 日启动,11 月 16 日完成的。

姆博说到此,用极其严肃的目光看着我,对我缓缓地说到,在《联合国宪章》6 月起草完毕和 11 月 16 日教科文的创建者们会聚伦敦起草《组织法》的 120 多天时间内,人类战争史上发生了一件史无前例的重要事件,即:1945 年 8 月 6 日和 9 日,美军分别在广岛、长崎投掷了原子弹。

姆博告诉我,人类社会进入了用原子武器杀人的时代,这使联合国教科文组织的缔造者们惊愕不已。他们意识到,第一次世界大战中,交战各方大开杀戒,使用了化学武器,第二次世界大战用的是原子武器,那么,如果有第三次世界大战,一旦开战,最新的杀人武器必让人类共同走向灭亡。

为了避免人类在可能出现的第三次世界大战中走向毁灭,人类必须学会共同生存。为此,这种维护生命权利的历史责任感使教科文的《组织法》对维护和平使命及其责任的描述更为深刻,就有了在“在人的思想上建立保卫和平之屏障”的紧迫需要。

这句话的英文是“Building the peace in the minds of men and women”,它也同时成为教科文的 Motto(座右铭)。

姆博对我说,这句诗一般的句子源于当年美国代表团团长、国会图书馆馆长、桂冠诗人、普利策奖得主阿奇博尔德·麦克利什(Archibald MacLeish)笔下。

当年的教科文成立大会,就是由这些知识分子为中坚力量,因此,与传统的国际法律文书不同,教科文的《组织法》文字生动,富有激情,这与该组织当年的创立者主要源于世界各国科学家、知识界、艺术家有关,这一历史的国际人文基因同样确立了该组织与成员国人民之间的关系是密切的鱼水关系。

姆博强调,这一点尤其体现在《组织法》序言部分的第五段,他甚至当场给我用法文背诵了起来:

“Qu'une paix fondée sur les seuls accords économiques et politiques des gouvernements ne saurait entraîner l'adhésion unanime, durable et sincère des peuples et que, par conséquent, cette paix doit être établie sur le fondement de la solidarité intellectuelle et morale de l'humanité.”

这段法文的中文译文在教科文网站上是如此表述的:

“和平若全然以政府间之政治、经济措施为基础则不能确保世界人民对其一致、持久又真诚之支持。为使其免遭失败,和平尚必须奠基于人类理性与道德上之团结。”

姆博语重心长地对我说,这段话非同寻常,这里从法律和道德层面上确定了人民在构架世界和平大厦和保卫世界和平事业中的神圣地位,也就是说,成员国政府和教科文秘书处必须明白,今天的教科文所从事的国际和平使命是不能离开或排斥世界各国人民支持的,否则,这样的和平努力会面临失败。

他还劝我一定要看当年教科文创建大会的会议纪要,要从第一手历史档案里感受我们今天的和平使命的历史渊源。

姆博不无感慨地又说到,70 年后再来看教科文组织的使命,它依然是非常崇高的,但可惜的是,很多人不了解历史,且不说区分不了《联合国宪章》和教科文《组织法》的历史背景和差异,就是在日常工作中,也没有创建者的那种激动和神圣使命感。

姆博双眼炯炯地盯着我,对我继续说道:

“要在年轻人来教科文工作时介绍教科文的历史!要让新入职的年轻人向教科文《组织法》宣誓!任何来教科文工作的人,不管来自什么国家,都要怀揣教科文使命,不能成为这些国家派驻教科文的代理人,只为自己的国家而忘记为人类服务的神圣使命!”

2015 年 7 月与教科文组织前总干事姆博合影

我望着 94 岁高龄的姆博,内心百感交集。

我被他那火一样的激情感动。我真的以为,我眼前这位生命历程即将走到尽头的百岁老人，在他的心中他新的人生征程才刚刚开始，他就像夜行人手中的火炬，抑或庙堂的一柱闪烁微光的蜡烛，生命不止，发光不止。

相形之下，我们在工作中碰到一些挫折，就常常没了激情，忘了初心，这是多么大的反差啊！

蓦然，我的眼眶有点湿润了，透过淡淡的泪水，他的形象有点模糊，但又明显变得越来越高大……

三、马约尔向我讲述教科文和平文化

费德里科・马约尔(Federico Mayor)是西班牙教育家、政治家，担任教科文组织总干事12年(1987—1999)，加上此前担任副总干事三年(1978—1981)和总干事特别顾问一年(1983—1984)，从任何角度看，他的名字在教科文历史上与姆博一样让人如雷贯耳。

有关他的故事，教科文的门卫、埃及人尤素夫给我讲了不知多少回，而每次讲的时候埃及兄弟总是充满深情，他告诉我马约尔是那种喜欢创造历史的人，他曾让在广岛掷下原子弹的美国兵与当年的受害日本小姑娘相会在教科文组织一号大厅，当两位白发苍苍的老人热烈拥抱的那一刻，多少人为了那和平与和解的美丽一刻的拥抱热泪盈眶……

事实上，教科文总部每个工作时间稍长的职员，无论是中国人，还是其他国家的人，都对我说起各种有关马约尔的难忘故事。

在他们的眼中，马约尔同姆博一样，是一个充满激情、敢于担当的人。在他治下的12年，教科文风风火火，在世界上干了许多大手笔的事，除了美国兵与广岛原子弹受害者日本小姑娘在教科文相会，还有巴勒斯坦与以色列实行和平对话等。

与我说起马约尔推动巴以和平对话故事的是西班牙同事塔尼娅，她告诉我，受马约尔总干事的委托，她曾在 1993 年 12 月 8 日在她的家乡西班牙千年古城格拉纳达(Grenade)操办了由教科文组织的“巴以和平圆桌会”，马约尔邀请了巴解执委会主席阿拉法特和以色列外长佩雷斯出席。

这一圆桌会在当时国际社会引发了强烈反响，是马约尔以教科文组织的和平使命干预冲突方，从而缔造与促进和平的一个案例。

1993 年 12 月，马约尔又将教科文组织费利克斯·乌弗埃-博瓦尼和平奖”(The Félix Houphouët-Boigny Peace Prize)颁发给了阿拉法特和以色列总理拉宾、外长佩雷斯。

1991 年，他同样将此奖给了南非总统德克勒克和非国大领导人曼德拉。

由于教科文组织特殊的国际和平使命，费利克斯·乌弗埃-博瓦尼和平奖也成为国际和平领域的重要奖项，上述两届该奖得主后来均成为诺贝尔和平奖获得者。

我与马约尔的会见是在西班牙同事塔尼娅的家里进行的。

塔尼娅作为马约尔的老部下，又是我的好朋友(她曾是 1992 年塞维利亚世博会主题馆的馆长，除了教科文的使命外，我们共同的世博经历和情结使我们的友谊非常深厚)，在她的引见下，我与马约尔的交谈变得更像朋友似的，如同唠家常一般。

年过八旬的马约尔，首先对教科文成立70年后的今天，世界上仍然各种冲突不断，伊斯兰极端势力抬头感到忧心忡忡。他对我说，不知为什么，他觉得今天看教科文《组织法》所确定的使命有一种史无前例的紧迫感。

他说，教科文所有的工作必须围绕着终极目标："在人的思想上建立保卫和平的屏障。"然而，遗憾的是，虽然70年来教科文做了不少工作，但以国际社会的期待和当前形势发展的需要衡量，教科文仍做得不够。

他说，要在世界上强调一种"和平文化"，也就是"对话文化"。他说，中国在这方面应该有许多可供世界借鉴的文化和伦理、哲学资源。

他说，与西方国家不同，中国没有侵略过任何国家的历史，中国人民爱好和平，这种来自东方的和平文化对目前动荡不安的世界会是一种莫大的贡献。

如果我们将这种来自中国的和平文化与基督教、伊斯兰教进行交流，开创一种"见面文化""沟通文化"，而非目前世界的"对立文化"和"武力冲突文化"，这就是中国在四大发明后对世界的新贡献。

马约尔看着我，说得眉飞色舞。他那西班牙调的英语，时常又夹着法语，抑扬顿挫，活脱一个演说家。

他说，这就是中国政府提出的"一带一路"倡议，这个倡议好就好在是文化对话战略，是中国对世界和平的贡献。

人类都进入21世纪了，怎么能老抱着武力冲突思想不放呢？

马约尔的一席话让我意识到中国在世界政治中的地位，这种地位即使你不说不争，由于中国的经济总量、发展速度，中国已经到了在教科文不作为不行的地步了，而马约尔呼吁中国传统文化对人类在全球化条件下国际和平文化的发展作出贡献时，我同样意识到，中国和平文化与世界和平文化对话的良好机遇来了。

要知道，作为国际政治家、教科文组织总干事，马约尔提出的“和平文化”项目（Culture of Peace and Non-Violence Programme）不仅成为教科文组织的社会科学部一项重要的活动或一种教科文组织的对外标识，也成为联合国大会出台的许多文明对话文件和活动的重要组成部分。

谈兴浓郁的马约尔，向我提出了如何让他参与中国“一带一路”文明对话的具体问题。

他说可以考虑将此对话从中国的西安出发，途经中亚各国，最后一直到西班牙的格拉纳达，让“见面文化”把沿线国家的人民尤其是青少年和不同的文化组织起来，通过文化交流，增进感情交流，使东亚、中亚、西亚、北非的阿拉伯世界、欧洲各地区人民之间从此向武力冲突告别，从此走向见面、对话与永久和平……

2015 年 10月与教科文组织前总干事马约尔合影

四、中国与教科文组织:新的“和平文化”对话已经开启

其实,我对教科文的和平使命原本是不甚了解的。

我与教科文组织的接触最早源于驻法使馆的一些工作联系,那也无非是带中国代表团与教科文秘书处交流一下,拍拍照,但即便如此,每次进入教科文大楼时,心中总有一种进入文化与科学知识神圣殿堂之感。

印象最深的一次是陪同中国全国人大科教文卫范敬宜、谢铁骊等著名新闻人、电影人造访,这些老知识分子对教科文的工作是那么赞不绝口,那种喜出望外的收获我至今不能忘怀。

上海世博会是我与教科文组织开始的一次真正合作,教科文对城市化、文化遗产、文化多样性、文化对话、理解与宽容等问题的特殊视角,丰富了上海世博会的展览与展示,特别是世博会的主题论坛与高峰论坛内容,而配合凤凰卫视拍摄教科文 70 周年专题电视节目的过程,又让我在教科文档案馆的历史文献中开启了对这个伟大组织激动人心的发现之旅,即,对教科文组织的凤凰涅槃史的全面学习。

如姆博先生前面所提醒的那样,美军在广岛和长崎投下的原子弹,使 1945 年深秋出席教科文组织创建大会的各国代表们个个如坐针毡,如何避免第三次世界大战,防止人类因原子武器或更新的杀伤性武器而使人类走向共同毁灭,这是摆在他们面前的一个严峻问题。

代表们还在思考的问题是,为什么经济发展、科技进步,甚至爱国主义教育均没有阻止国与国之间最终兵戎相见?

为什么在20世纪短短的30年间人类社会连续爆发了两次世界大战,死伤几亿人?

作为与会的科学家、教育家们等,他们已不能回避这样一个人类道德问题。

于是,美国代表团团长、诗人麦克利什提出"在人的思想上建立和平屏障"的口号并将其写入教科文的《组织法》(其实正确的中文翻译应该是教科文"宪法",考虑到与《联合国宪章》之间应有的差异,历史上的中文译文改称"组织法")。

因而,知识分子、科学家、民众成为教科文和平大厦的三大支柱。

王承绪老先生是我国比较教育学科创始人、著名教育家,他曾作为中国代表团秘书见证了1946年11月16日在巴黎举行的教科文《组织法》批准仪式。

为拍摄凤凰卫视的电视片,几年前,我曾辗转想赴杭州拜访这位历经教科文创建历史的世纪老人,向他请教当年的情况,但终因他年事太高,失之交臂(王老先生1912年6月生,2013年11月卒,享年101岁)。

老人家的长子非常客气,在电话里给我详细回忆了近70年前他们全家如何收到作为会议代表的王承绪从巴黎发来的信件,字里行间是如此情真意切,用王老先生长子的话说,就好像人类的大同世界在他老爸眼里就要实现了。

他说,他们兄弟姐妹们在伦敦的家中一起手捧父亲来信,远眺法国方向,激动得也不能自已。也正因为这样的理想主义力量,他们全家一直珍藏着老爸这封激情澎湃的家信。

王先生还给我回忆当时他们如何随父亲住在伦敦,还见到大学者陈寅恪到访,与他父亲等一批中国留英知识分子大谈教科文组织的伟大意义等。

关于这段历史，清华大学教授谢喆平在其《中国联合国教科文组织的关系演进》博士论文中曾有专门描述，较全面地谈到了当年中国参与教科文创建这段让人难以忘怀的经历。

1945 年 11 月 1 日至 16 日，二战的硝烟还未彻底散尽，美丽的伦敦依旧因战火摧残显得千疮百孔，中国外交官与盟国其他 43 个国家的外交官们，共同汇聚在有百年历史的英国土木工程师学会（Institute of Civil Engineers），一起商讨如何医治看得见的人类战争创伤，同时更要医治那种看不见的人类心灵的苦痛，商讨如何消除民族国家之间世世代代的仇恨，增进互信，共建人类和平大厦。

出席这次大会的中国代表团团长不是别人，正是中国知识界赫赫有名的胡适博士，他作为中国驻美国大使，以当时中国著名思想家、文学家、哲学家的多重身份与会，并被选为全体大会副主席。

他以渊博的知识，娴熟的语言和驾驭东西文化的超强沟通能力，使教科文和平大厦从一开始就打上了中国和平文化的烙印。

1946 年秋，带领中国代表团出席教科文组织第二次成员国大会的是中国著名哲学家、作曲家，一身会讲英、法、德、日、西等多种外语和 33 种中国地方方言的中国语言科学之父赵元任，他的中国文化底蕴和强大的语言功底，同样使中华民族的和平文化理念得以发扬光大。

文献资料还表明，林语堂、鲁桂珍等大文豪、大科学家还都亲自参与过教科文秘书处工作。

我国著名的平民教育家、乡村建设家晏阳初先生则一度被看好接替首任教科文总干事赫胥黎,但他对朋友们提供这样的荣誉或善意看得比较淡,因为他自己的祖国积难积病,许多工作还需要他来做。因此,他回绝了他那些欧洲朋友邀请他出任教科文组织总干事的盛情与美意。

尽管晏阳初没有成为教科文的掌门人,但不容否认的是,教科文组织的平民教育思想在许多方面受的是晏阳初乡村教育理念和实践的影响。

由于二战后冷战以及重返联合国之前中国本身长期处于特殊革命时期,包括"文化大革命"等,中国与教科文的合作很少,国内对教科文作用了解的人也很少,但这并不能影响我们对当年中国在国力式微的情况下,由于有了胡适、赵元任、晏阳初等人,使中国对教科文这座世界和平大厦作出了实实在在的贡献,这一点,我们从教科文历史文件的翻译中也能看出:当年的翻译非常准确,如将《组织法》中的英文"Since wars begin in the minds of men, it is in the minds of men that the defences of peace must be constructed",翻译成"在人的思想上建立保卫和平之屏障",让人感到如此贴切。

因此,每当我想到这些献身国际人文合作的中华英才时,一种由衷的自豪感会使我觉得,在这样一个高尚的保护世界和平的国际组织里工作,即使没有薪金做义工,我也会感到是值得的,毕竟我是在林语堂、鲁桂珍工作过的地方上班,是在完成胡适、赵元任、晏阳初等大学问家没有完成的事业呀!

漫步在教科文大楼里,我甚至还有一种时光穿梭感,仿佛看到当年罗斯福总统夫人、美国参议员富布赖特(James William Fulbright,就是那位战后促进美国与世界青年文化交流的"富布赖特计划"的创始人),法国社会党领导人、20 世纪

30年代末著名的法国人民阵线政府总理莱昂·布鲁姆(Léon Blum)等人在对我说,徐波,你要小心啊,爱国主义教育、经济发展、科技进步,在历史上的任何时候都没有阻止过战争的步伐,而唯有加强人民之间道德与智力的团结(intellectual and moral solidarity of mankind),才能筑起保护世界和平的屏障。

从富布赖特、莱昂·布鲁姆,我甚至还想到教科文组织的前身国联(League of Nations)的"国际智力合作研究所",仿佛看到大物理学家爱因斯坦、居里夫人,法国大哲学家柏格森(Henri Bergson),法国作家、象征主义诗人、法兰西学术院院士保罗·瓦勒里(Paul Valéry),诺贝尔文学奖获得者、德国作家保罗·托马斯·曼(Paul Thomas Mann),英国作家、著名生物学家赫胥黎之孙奥尔德斯·赫胥黎(Aldous Huxley)等20世纪最伟大的科学家、文学家、思想家们,他们凭着知识分子的良知及呵护世界和平的公民职责,超越民族、种族与国界,四处奔走,大声疾呼,为世界的和平大厦建设,特别是后来的联合国教科文组织的成立奠定了重要的思想和社会氛围基础。

多少年后,有人对我说,这一代战后知识分子太单纯,他们所追求的是一种乌托邦式的世界大同,但我依然觉得,这种天真幼稚正是这些文学家、科学家的崇高之处,我宁愿看到他们碰壁和遇挫,也不愿意看到政治家的老成,或以民族主义的所谓民意为由,推延甚至破坏国际和平大厦建设。

为此,当我同样带着一种童真般的心情投身国际人文事业时,我就像一个淘金者突然发现了教科文组织这座被多年熟视无睹的大金矿,从而按捺不住内心的激动,而这种激动也会常常让我回忆起恢复高考后的那一年,自己如何在大学如饥似渴地学习，以及校园生活给我一生留下的那种美妙回忆。

因此，我庆幸自己是在中国成为世界第二大经济体，而非积贫积弱的民国时期来教科文组织工作，而强大的经济实力后面，我更看到中国与教科文组织这样的国际和平组织开展合作的强烈的政治需求。

这里有一个不争的事实，在改革开放初期，中国最习惯的是与世界银行、IMF、WTO等经济组织合作，因为当时的中国最缺钱，需要迅速融入世界经济、贸易与金融，上述联合国专门机构因此在国内人们都耳熟能详。

与上述经济组织相比，教科文不带来一分钱的经济援助，提供的只是一种“智力”支持，让人看上去有一种虚无感。

如果与安理会等政治机构相比，教科文一国一票，过于民主，过于分散，对于习惯于大国政治的人，又觉得教科文组织的游戏规则复杂，找不到切入点，纯属空谈馆。

因此，在如此的GDP经济驱动下，在国人崇尚实力的历史文化背景下，除了联合国教科文组织的文化遗产保护项目，国人对此机构的了解或兴趣少之又少，确实是情有可原的。

然而，对今天的中国而言，这些教科文的所谓“弱点”反而成为中国与教科文合作的历史机遇。

首先，我们看到中国的硬实力迅猛提升，无论从何种角度看，超过美国，成为世界第一大经济体只是个时间问题。

然而，中国的软实力还没有与硬实力相匹配，这样的崛起会在世界上引起猜疑，遇到阻力，因此，通过教科文组织在世界上倡导中国人的“和平文化”，彰显中国文化中的和平理念和哲学基础，抢占国际道德制高点，对中国的国际形象树立具有战略意义。

其次，中国社会各部门对硬实力合作需求下降，对软实力智力合作需求上升。

试想，改革开放最初，中国缺钱缺技术，要发展，要与世界各国做贸易，加强与世行、IMF、WTO 等联合国发展机构的合作是必然的。而现如今的中国，外汇储备多得已成为问题，从资本纯输入国变成资本输出国，贸易也如此，过去全国各地一个劲要做外贸，现内需已成为中国经济发展的新动力。

在这样的背景下，将与联合国合作的重心从原来的那些经济和金融的"硬实力组织"转向教育、科学和文化的"软实力组织"实属必然。

再则，中国社会走向全面复兴，但在复兴与崛起的过程中，同样面临着社会转型过程中的各种问题，而这些教育、科学、环境、扶贫、遗产传承、社会治理等领域出现问题的解决方案，联合国的各类经济组织提供不了，但可以从教科文组织这样的智力合作组织那里获得帮助。

最后，在教科文舞台上开展广泛的国际合作，引入国际正能量，将十分有益于提升转型期间中国社会的转型管理水平，提升社会和谐与可持续发展的水平。

所以将中国社会的正能量与教科文事业对接，就是在国际舞台上国家形象的正能量营销，是中国和平文化与人文关怀思想的"走出去"。

2014 年 3 月 27 日，国家主席习近平访问联合国教科文组织总部，这是自教科文成立 70 年来中国国家元首第一次正式访问教科文。

通过习主席的历史性访问，中国向教科文组织成员国明确表示了对教科文和平文化和世界人文事业的坚定支持。

习主席在演讲一开始就提到在教科文“宽容广场”边上的白墙上锲刻的教科文宗旨:“在人的思想上建立保卫和平的屏障”,通过教科文的这一宗旨,习近平谈到了中国对维护世界和平,以及文化多元、教育科学与遗产保护等国际人文事业的坚定支持。

在等待习主席讲话前,我与邻座的法国前总理德·维尔潘展开了交流:

他告诉我,在经济全球化的今天,人们过于重视经济与金融的作用,而淡化了对人文思想的培养与推动,甚至这样的趋势也体现在当今的政治家和外交官的职业训练方面。

他说,当政治家再也不像当年毛泽东、戴高乐那样,既是政治家,又是诗人、作家时,当世界各国的政治家都失去写作的兴趣,当我们的外交官只关心经济与金融的时刻,我们对世界的明天就失去了想象力,对人类的命运就失去了应有的人文关怀,而这样下去,我们这个全球化的潮流就会出现历史偏差,世界就难以变得更美好起来。

他对我说,习主席来到教科文非常好,正好表明有丰富文化历史传统的中国,在经济崛起前与后,同样重视文化的作用,同样重视文化对世界和平的作用。

习主席的讲话,在教科文成员国代表中间引起了强烈的反响。作为中国人,作为教科文组织的一员,我心潮澎湃,为中国参与世界人文建设的步伐加快欢欣鼓舞,一个中国与教科文合作的新纪元已因习近平主席的到访而开启了。

可以深信不疑的是,70 年前所确立的联合国主导的国际体制对中国今天的和平崛起是非常有效、合理和有利的,而在这个体制安排中,如果说联合国安理会是政治与安全支柱,世界银行、国际货币基金会和世界贸易组织(2001 年前称之为“关税贸易总协定”组织)是经济、金融和贸易支柱,那么,教科文组织就是国际社会的教育、科学与文化支柱,引领的是人类人文发展的方向。

换言之,作为人类的良心与道德制高点,教科文组织就是中国在现行国际体制内展示软实力,向世界说明和平崛起理念和提高中国在国际社会的亲和力和道德感召力的平台。

习近平主席到访教科文无疑已证明了教科文组织在这方面的作用!

2014 年 3 月 27 日,习近平主席发表讲话前,在教科文会议现场与德维尔潘、拉法兰两位法国前总理合影

第二章
让中国公益思想插上凤凰的翅膀

第一节
“尼山世界文明论坛”来到了教科文

怀揣着对继续推动中国与世界跨文化对话的一腔热忱，手捧着联合国教科文组织的《组织法》，我一心想在教科文平台上讲好中国的故事，特别是通过我个人的一些策划，为改变“缺席的被讨论者”的国家形象作出努力。

无疑，教科文组织《组织法》序言第五条有关人民对和平负有职责的条款，又使我这样的个人努力存在着成功的空间和制度保障基础。

我首先想到的是，中国如何在价值理念上参与、丰富和支持教科文组织的事业，从而通过这种文明对话，向世界诠释中国和平崛起的哲学和文明基础。

我想到自己在上海时，就曾听说联合国教科文组织曾在1988年1月在巴黎召集了全世界75位诺贝尔获奖者，开了4天会，专门讨论人类未来的问题，并在会后发表了一个宣言，特别强调如果人类要在21世纪生存下去，必须回到2 500年前的孔子思想去。

对于这个会议的报道,网上各种评论纷纷扬扬,让人顿时感到儒家思想和中国传统文化的强大,但令人匪夷所思的是,这个被国内官方媒体和各种专家,甚至某些位高权重的官员反复引用的重大国际新闻,我却从来没有听到身边世博会外国总代表同仁们的任何提及,也没有在教科文官方网站和西方媒体中找到片言只语的报道。

我到教科文工作后,好奇心驱使我要把它搞个水落石出。

我想,这样严肃的大会和决议,如果官方网站上没有,我是否可以在教科文的任何官方文件或会议纪录中找到?

我也就此专门请教过教科文主管文明对话的助理总干事汉斯·道维勒和主管项目官员、丹麦人贝琳达(Ann-belinda Preis),他们几乎是众口一词,说压根就没有听说过!

我不知如何形容面对教科文同事们的那种难堪。

我难堪的是在资讯如此发达的今天,居然在中国社会还会有这样一种文化的单相思、文化自恋症,抑或某种程度的集体文化臆想!

在个别学者的臆想中,一些中国学者和文化官员们不加任何思考,共同编制了如此美丽的谎话,从而去满足一种子虚乌有的中国文化优越感:情况居然会发展到甚至让全世界 75 位诺贝尔获奖者会聚一起,集体表彰 2 500 年前的孔老夫子,把他的儒家思想作为解决目前世界上出现的问题的一剂良药!

对于这样的"乌龙"新闻,我除了那种尴尬外,想到更多的是一种责任。

我的直觉告诉我,是将儒家思想运作到教科文总部,做一场正大光明的中西方文明对话的时候了。

需要补充的是，我曾在中欧国际工商学院(CEIBS)名誉院长刘吉教授和法国朋友高大伟教授(David Grosset)支持下，于2011年6月27日在巴黎教科文总部协助举办了UNESCO+CEIBS“全球化世界中的新人文主义”论坛。

意大利前总理、欧盟委员会主席普罗迪，法国前总理、前议长、曾在奥朗德总统政府担任外长的法国著名政治家法比尤斯等150多名欧洲前政要、思想界著名人士出席。

此次论坛的成功举办，也使我对推动儒家思想与世界其他文明在教科文组织总部对话提升了信心。

师淑云，中国常驻联合国教科文组织第一位女大使。在她宽大的办公室里，她对我语重心长地说，作为中国大使，她多年来特别期待中国的知识界能更加深度参与教科文各种人文事业，特别是价值与文明对话。

她说，这里是世界文化与文明对接的高地，中国又有许许多多为世界耳熟能详的文明与文化，这种供需关系是非常难得的，只需要我们耐心构架双方之间的沟通桥梁，一切均有可能。

她对我寄予希望的原因是我的政府背景、多年的外交经验，特别是通过上海世博会所形成的与中国社会的广泛人脉。因此，她相信我能够运作成功。当然，她更认可我的是那种将中国与世界文化对话进行到底的“倔劲”。

有了师大使的原则支持，我就开始策划。

我首先找到我的老领导吴建民大使，向他和盘托出自己的想法。

我谈到了儒家思想对中华和世界文明所作出的贡献，谈到了教科文组织所倡导的文明对话，特别是博科娃女士在2009年当选教科文总干事后提出用“新人文主义”来解决当今全球化条件下人类社会所遇到的文明冲突、各种武力冲突和战争、贫困、环境恶化等问题。

但我同样注意到，博科娃当选第十届教科文总干事，在一定程度上也是其“新人文主义”对成员国的吸引力，国际社会期待她，不仅作为教科文历史上的第一位女性领导者，更主要的是用“新人文主义”的方法，去履行教科文组织在人类社会特殊时期的国际人文建设的职责。

但我对吴大使同时表示，博科娃的“新人文主义”出发点很好，但遗憾的是，她的观点反映的还是文艺复兴、启蒙运动等所体现的西方人文思想，是传统的欧洲中心主义，没有反映出当今世界的变化，特别是广大发展中国家对人类人文主义的新贡献。

因此，她的观点一出台，就遇到来自阿拉伯世界的保留意见。我想，此时如果将儒家思想与新人文主义相结合，不仅可以丰富和完善教科文的新人文主义理论，提升新人文主义的普世性，对儒家思想也可以通过教科文的平台予以提升，从而提升中国关于全球共治的精神产品。

作为尼山论坛的副主席，吴大使与许嘉璐先生非常熟悉，他们是同事、战友。当吴大使把我的想法向许先生作了介绍后，许先生觉得此事非常有意义，马上指示汉办许琳同志与我对接。

需要补充的是，教科文战略事务助理总干事汉斯对此事从一开始就非常重视。

他在联合国系统工作近40年，在教科文10年，历任两届分管战略和文明对话的助理总干事，他对儒家思想和中国与世界文明对话的作用非常清楚。

他对我说，这是中国第一次参加类似的文明对话活动，一定要办成，并据此打开教科文组织与中国社会文明对话的大门。

经过一年多的酝酿和筹备，2012 年 4 月 16 日，我们成功地在教科文总部举办了以“儒家思想与全球化世界中的新人文主义”为主题的巴黎尼山论坛，这标志着以推动中华文化与世界多元文化交流为宗旨的尼山论坛正式跨出国门、走向世界。

总干事博科娃、尼山论坛组委会主席许嘉璐、法国前总理拉法兰、孔子学院总部总干事许琳分别在论坛开幕式上作主旨发言。驻教科文组织的各国使节，法国政界、教育界、文化界人士 200 多人出席活动。

由于儒家思想的国际影响力及论坛议题内容设计新颖，特别是法国前总理拉法兰、大学者阿塔利、前国际货币基金组织总干事康德苏、多哈伊斯兰艺术馆馆长 Sabiha Al Khemir，马里前文化部长、“另一个马里论坛”创始人 Aminata Traoré 等嘉宾的出席，使论坛多元文化碰撞达到极致。

遗憾的是，杜维明先生因身体原因最终取消了巴黎之行，否则，杜先生作为新儒学的旗手，肯定会使论坛更加出彩。

斯里兰卡大使 Dayan Jayatilleka 是位哲学家，他对论坛各位嘉宾的发言听得非常仔细，在互动发言中他表示，从第三世界的角度看，中国参与教科文文明对话，是非常重要的历史事件。教科文由 190 多个国家组成，非西方国家是大多数，来自欧洲以外的人类文明应该在教科文的文明对话舞台上拥有本应该属于他们的位置,中国今天来了,应该热烈祝贺。

自然,对于这样一个在教科文举办的中外文明对话论坛,能作一个既有学术又有政治高度的高水准总结发言的,非吴建民大使莫属。

他同往常一样,语气不疾不徐,用词准确高雅,高度概括了本次论坛的时代意义,强调中国通过教科文组织参与人类文明对话的责任和收益。

出于对东道国和马里部长的尊重,吴大使特意用优美的法语做总结词。话音未落,掌声雷动。

当晚,中国驻教科文代表团在巴黎 16 区正阳饭店设宴庆贺论坛成功举办,师淑云大使的继任者尤少忠大使对论坛的举办给予了极高的评价,并将各国驻教科文代表对论坛的反应向许嘉璐先生作了汇报。

许先生听罢非常高兴,但他语重心长地表示,今天才是万里长征的第一步,中国应该对人类的文明对话有更大的贡献。

席间,来自北京孔子学院总部的朋友频频举杯,庆贺论坛成功。

从他们的脸上可以看出,这样的论坛也是这些职能部门多年期待的。

我告诉他们,论坛的成功有许多因素,其中包括教科文对此活动的强烈需求,当然,也包括为此活动的策划与沟通。我说,我要特别感谢吴大使。没有吴大使向许先生报告,没有许先生对吴大使的信任,这一活动同样搞不了。当然,我没有说出来的是,没有吴大使对我本人的绝对信任,这一论坛同样搞不成。

吴大使对我说，有人告诉许先生，徐波要在教科文做尼山论坛是不可行的，教科文根本不会与尼山论坛合作。许先生很着急，当晚就给吴大使打电话，询问真相。吴大使听完后，笑了笑，对许先生说，别人我不敢保证，徐波办的事，我有数，错不了。

这样，我也算是在吴大使的背书下，开始了我在教科文组织文明对话的第一步。

更让我高兴的是，尤少忠大使当着吴大使的面，夸奖我是吴大使的好学生，有着吴大使那样雷厉风行的开拓精神。

事实上，我一直在心里将吴大使作为榜样，而今天的教科文又为我提供了长袖善舞的平台，我怎么能不好好干？

第二节 让中国公益思想插上凤凰的翅膀

尼山论坛在巴黎的成功举办，大大促进了教科文组织与尼山论坛之间的合作关系，我本人也应许先生邀请，与助理总干事汉斯一起出席 2013 年 5 月的尼山世界文明对话论坛，在好客的山东省政府的论坛欢迎宴会上，我有幸与尼山论坛组委会副主席、凤凰卫视董事局主席刘长乐先生毗邻而坐。

对刘先生，我一直充满敬意，由他创建的凤凰卫视，在不到 20 年的时间内，从无到有，从小到大，成为中国电视传媒中的一股新鲜力量，也成为中国社会生活的一个新符号。

由刘先生倡导的凤凰文化，在中国社会的文化遗产保护、文明对话及所做的其他各种公益活动方面可圈可点，让我看到了中国社会滚滚而来的民间公益力量。

因此，我一直有意，希望有那么一天，无论是中国社会的公益活动，还是教科文的国际人文事业都能插上凤凰的翅膀，飞向蓝天，飞向世界。

我想，如果中国公益利用凤凰，在教科文的平台上展翅飞翔，那就是中国公益的“走出去”，就是中国社会“正能量”的“走出去”，在国际上展现的将是走向全面复兴中的中华民族的新形象，体现的是中国的软实力，服务的将是中国“和平崛起”的战略目标，营造的是有益中国这样的大国崛起的国际舆论环境。

同样，如果通过凤凰，将教科文组织的国际人文事业带到中国，就是从国际上引入“正能量”，为转型过程中的中国社会提供新的价值坐标代表，这也是在为中国的现代化进程助力。

从教科文的角度看，如果让教科文插上凤凰的翅膀，教科文就等于有了一个自己的电视台，可以获得非常广泛的中国受众，加上凤凰又有英文节目，还可以影响世界其他英语地区，从而提升教科文在全球，特别是亚洲和广大发展中国家的知名度和影响力。

于是，我抓住机会与刘长乐先生就中国公益“走出去”问题进行了交流。

面对滔滔不绝的我，刘先生二话没说，带我离席找同时出席晚宴的凤凰卫视执行副总裁王纪言，并让我与其保持密切沟通。

刘先生对我说，你讲的正是我们凤凰要做的，我们的合作应该会成功！

话说王纪言副总裁，在加盟凤凰前，曾任北京广播学院副院长，是一位学者型的管理者，在凤凰内部人们都亲切地叫他王院长，凤凰卫视许多大手笔节目都出自他的思想。王院长不仅对国际传媒动向非常清楚，对中国社会转型期间面临的挑战和凤凰的历史使命更是心知肚明。

王院长只对我说一句话，凤凰要做就是做世界一流的事。

在王院长安排下，我马上回到巴黎与凤凰卫视欧洲中心主任严明就凤凰卫视参与教科文人文项目事进行密切沟通。

我们商定，双方将紧紧围绕教科文组织“和平文化”使命，通过凤凰卫视强大的宣传平台，动员更多的中国人民和世界各国人民参与和传播教科文“和平”文化项目及其“新人文主义”理念。

几次会谈，我们很快确定了双方具体的合作内容：

1. 凤凰卫视将帮助教科文拍摄一部面向中国观众的反映教科文组织基本情况的电视纪录片；

2. 拍摄一部介绍战乱国家文化遗产面临威胁的纪录片，呼吁中国和世界各国人民提高对人类文化遗产的保护意识；

3. 每年联合举办一次高端电视辩论会，向中国和世界宣传教科文组织的国际人文使命；

4. 以各种形式在中小学生中倡导“和平文化”，强调对文化遗产的保护、可持续发展教育、艺术教育、体育促进和平等；

5. 参与消除贫困和文盲的各种国际活动，特别是关注亚洲、非洲农民工女童的受教育问题等。

这个合作的单子很长，内容很丰富，助理总干事汉斯对我非常信任，内部协调会一路绿灯，教科文各部门均热切期待着与凤凰携手。

12 月 6 日，也就是在我与刘长乐见面不到半年，双方就准备在教科文总部签署战略合作协议。

是日，刘主席特意从香港飞到巴黎，在总干事博科娃办公室与其签署双方战略合作协议。

博科娃对凤凰参与教科文国际人文事业表示由衷感谢，高度赞扬刘主席长期以来致力于中国文化事业和推动不同文明间的对话，强调与凤凰的签约，标志着中国社会各界参与教科文事业又进入了一个新的阶段。

博科娃非常激动地对出席签字协议的尤少忠大使说，教科文做了那么多事，成员国公众不了解，这不怨人家啊，是我们自己的沟通工作没做好。如今教科文有了凤凰，至少可以让广大中文世界的电视观众了解我们是干什么的了！

后来的事实证明，教科文插上凤凰翅膀后，在中国社会的影响力得到很大的提升。

同样，由于凤凰架起的桥梁，中国社会各界的公益力量在教科文的平台上得到有力地彰显。

2013 年 5 月 15 日，教科文组织在杭州举办文化与发展大会，这是教科文组织自 1982 年墨西哥世界文化政策大会和 1998 年斯德哥尔摩文化政策促进发展大会之后的又一次国际文化与发展议题的盛会，备受国际社会关注。

当博科娃总干事刚刚来到杭州时，所到饭店大堂的服务员就认出她来，并告诉她是在凤凰卫视节目里看到她的。原因是为配合杭州大会，凤凰专门为教科文做了个一分半钟的大广告，是总干事博科娃向中国和世界各国成员国公众，呼吁支持教科文的文化与发展事业。

凤凰不仅给博科娃总干事做广告，还在教科文巴黎总部为其世界文化发展事业做了一场专题电视论坛。

2013 年 10 月 16 日是“2003 年教科文组织保护非物质文化遗产公约”十周年纪念日。

10 月 15 日,教科文组织与凤凰卫视“保护非物质文化遗产和当今社会”专题电视论坛在教科文总部 10 号会议厅,也就是教科文组织执行局会议厅举行。

在讲述论坛前,我似有必要通过这个美丽的古色古香、窗明几净的大厅,向读者简单介绍一下教科文组织执行局(Executive Board)的职能。

它由教科文的 58 个成员国组成,由其代表 195 个成员国来对教科文组织的大业“参政议政”。当然,谁也不是随随便便就能进入 58 个国家的名单,这里涉及教科文组织 195 个国家所划分的 5 个地区小组[①],首先你必须在地区小组里竞选成功,然后由地区小组推举进入。

由于执行局特殊的决策者角色,这里也就是教科文所有法律法规和各种人文项目的创立者。

电视论坛上,我们特意邀请到了非洲第一位诺贝尔文学奖得主、尼日利亚大作家索因卡(Wole Soyinka),还有哈佛大学教授、赫赫有名的文化学者霍米巴巴(Homi Bhabha),法国前文化部长雷诺(Renaud Donnedieu de Vabre),尼山世界文明论坛主席许嘉璐,以及凤凰卫视主席刘长乐和教科文总干事博科娃。

这个名叫“文化保护与当今世界”的电视论坛是由凤凰卫视气场十足的年轻主持人姜声扬主持的。

---

① 教科文 5 个地区组分别是 1 组:西欧与北美国家;2 组:东欧、俄罗斯;3 组:拉美及加勒比国家;4 组:亚太地区国家;5 组:非洲(A)与阿拉伯国家(B)。

他气定神闲，一口流利的英语，再时不时加上一两句优美的法语，把到场的各国常驻教科文组织代表、法国社会各界人士的胃口吊到最足。

五位世界文化顶尖人物，从自己的专业领域和人生经历出发，对可持续发展和非物质文化遗产保护之间的关系，以及这种非遗保护对促进男女平等、社会和谐及其世界和平的贡献各抒己见，气氛非常热烈。

是晚7时，为纪念非遗保护公约十周年，凤凰卫视专门邀请了50位来自陕西渭南的艺术家在教科文最大的1号会议厅举行汇报演出。

这是一场别开生面的演出，原因是50位演员全是渭南的农民，他们农闲时演出，农忙时耕耘，而这些祖祖辈辈留下来的民间艺术则成为他们生活中不可缺少的组成部分，就如同空气与阳光一样。

他们首先表演的是华阴老腔，其声音刚直高亢、磅礴豪迈，又有几分古朴悲壮、沉稳浑厚的泥土芳香之感。

接下来是提线木偶、迷糊戏、皮影戏、滑稽戏，异彩纷呈，让1 300余名来自各国常驻教科文代表团的代表和法国社会各界观众如醉如痴。

由于消防安全原因，原定的社火节目不能表演，但这丝毫不影响渭南农民艺术家在世界文化最高殿堂酣畅淋漓地演出。

对于这些来自中原地区的中国农民来说，那一天是他们毕生难忘的日子，他们从村里到省城，再从省城到北京，再坐飞机来巴黎，一路风尘仆仆近万公里，为的是向教科文致敬，感谢十年前这一伟大的公约，让他们祖祖辈辈流传下来的民间艺术得到在国际法层面上的保障，维护了一种世代相传的生活方式。

与此同时，他们作为中国非物质文化遗产的传承人，能够代表伟大的中国文化，以他们最简单的方式，为人类非物质文化遗产的大花园带来了中国非遗花朵的种种芬芳。

凤凰的朋友告诉我，这些农民艺术家几天前还在地里劳作，接到任务后，赶紧排练了两天就上路了。那位华阴老腔的头角，还专门去向他母亲辞行。老母亲神情严肃地对儿子说，你小子祖坟冒烟，居然代表华阴老腔到法国，又要到联合国演出。你小子要争口气，不要给咱们渭南老乡丢人。要不然，看你娘如何收拾你。

就这样，如同这位华阴老腔歌手一样，50 位渭南农民，带着乡亲们的重托，带着他们对其先辈艺术的敬重，来到教科文总部，进行了这样一次别开生面的汇报演出。

渭南农民的表演，以其无限的真诚质朴和对保持世界非物质文化事业的认同与支持，赢得了教科文一号大厅内雷鸣般的掌声。教科文组织许多工作人员对我说，很久没有看到如此接地气的演出了，征服观众的是艺术，更是渭南的泥土的那种芳香。

负责管理《保护非物质文化遗产公约》的秘书长、法国人杜维尔(Cécile Duvel)女士对我说，2003 年公约的精髓是保护那些濒临灭亡的世界非物质文化遗产，这与 1972 年的《保护世界文化和自然遗产公约》是有所区别的，后者的名录是以其遗产的普世价值来确定的。中国是非遗大国，渭南农民的表演让人窥豹一斑，看到了非遗在中国民间的广泛影响力。

尤少忠大使更是从国家的角度，对我意味深长地说，这样的好演出，其实也是在为国家的文化外交作贡献，是为习主席即将到访教科文组织热场，体现了中国民间对教科文非遗公约支持的广泛群众基础。

尤少忠大使的话让我倍感温暖，因为让中国农民来演出，对北京的有些官员来说，总是让他们觉得不爽，认为农民艺术水平太低，不能登教科文的大雅之堂等等。

在这些人的字典里，民间艺术是不存在的，除非你得到某位部长的背书，而凤凰与教科文建立的这种合作，恰恰是帮助教科文找到了中国民间的源头活水，让教科文的人文事业与中国民间的活力对接起来。

这既是公约的原本精神，也是教科文组织的存在理由和前提。

第三节
中国公益上天入海

行吟诗人骆英，也叫黄怒波。

在诗歌界，吟诗作赋，烈马长啸，他的诗歌与众不同，充满着生命的呐喊。

他是个行者，云游天下，攀登了七大洲最高峰，无论南极北极，还是世界之巅珠穆朗玛峰，都留下过他的足迹。他还是中国登山协会副主席、中国网球协会副主席、中国航空运动协会副主席。

在商场，他长袖善舞，开发了许多富有特色和人文情怀的商业旅游地产，真正将文化与经济发展浑然融为一体。

我从骆英的人品、理念和诗歌文才里，从他爱自然、好登山、爱护世界文化遗产、倡导文化旅游的行动中，看到了教科文崇高理念的某种拟人化体现，看到了一个行动中的教科文使者。

想认识黄怒波的念头由来已久，碰巧他和我都是“中欧国际工商学院教育基金会”的理事，年度理事会把我们汇聚到一起。

我对他开宗明义，希望他支持教科文事业。

我说你是大诗人，成功的企业家，在你的血液里流动着是一种自由奔腾的情怀，一种同情怜悯心，一种不甘平庸的诗人与哲人的血液。

他对我笑笑，说，我们看缘分吧！

不久，北京中坤集团副总徐红女士告诉我，黄总想在今年攀登珠穆朗玛峰时把教科文组织的旗子插上珠峰。

于是，与徐总及教科文的相关同事一起，我们开始筹划如何让黄总把教科文的旗帜插上珠峰。

2013 年 5 月 17 日，黄怒波第三次成功登上世界之巅，并亲手将联合国教科文组织旗帜插上珠峰。

他在世界之巅，呼吁全世界人民迅速行动起来，保护地球，保护文化遗产，加强人类人文合作，支持教科文组织国际人文合作使命！

为了能够响亮地向全世界呼吁支持教科文组织事业，黄总甚至摘下了氧气面具，冒着生命危险，一字一句、气喘吁吁地用他已经精疲力尽，且略带激动的声音向世界发出呼吁。

看着这段视频，博科娃非常感动，她对中国驻教科文组织大使尤少忠说，尤大使，您应该向教科文成员国您的大使同事们好好说一下，黄先生是我们的英雄啊，教科文有这样的宣传员，这让我们感到骄傲。

根据安排，黄总接下来与博科娃签署了“联合国教科文—中坤集团世界文化遗产可持续旅游战略合作伙伴”协议。

根据协议，双方将成立合作基金，在教育、科学、文化等多个领域加强世界文化遗产和旅游可持续发展的合作，尤其是在广大青少年中间大力提倡保护世界文化遗产。

博科娃很高兴地说，中坤加盟教科文事业，证明了中国民营企业对文化遗产保护的重视，而黄总则非常实在，说中坤是文化遗产保护的受益者，也是全球化的受益者，有责任做更多保护自然、保护文化的事情。

签约后的午餐时间，黄总对我说他还有一个叫做“21 世纪人类脸谱行动”，希望得到我们的支持。

我问他，这是什么活动？

他说他作为一名中国企业家、登山家、旅行家和诗人，希望能一个人云游所有的联合国教科文组织世界文化遗产，并每到一地，就与遗产当地的老百姓、景观管理区的工作人员交流，与他们一起讨论世界文化遗产保护和我们这个世界所面临的各种问题及可能的解决方案。

这是个多么令人激动和美好的计划啊！

我把黄先生的想法告诉汉斯助理总干事和世界遗产中心主任 Kishore Rao，他们二位当场表示支持，并承诺将给黄总提供一切进入教科文组织在世界各地文化遗产的便利，同时希望得到黄总参观这些遗产地时的观感和互动资料，帮助教科文提升成员国公众关心遗产保护的自觉性。

后来，黄总的这一计划开始实施，中坤集团还专门招兵买马,从北大物色文科的高材生做项目后台,帮助黄总收集每到一地的风土人情、遗产、当地政治和经济情况,并专门开了个微信公众号。

黄总赴德国、南美洲的几个活动我没有在现场,但他来法国是我参与策划的,除了没有安排他与极右的国民阵线党接触外,所有可以安排看的地方都安排了。

他同时结合遗产地访问,把法国社会的方方面面摸了个透,其所见法国人的广泛性超过了我当年在使馆干一个 5 年的任期。

显然,这是当企业家和诗人的优势,他看法国社会要比我当年作为外交官方便得多,因而也看得更全面。

他告诉我,他甚至与妓女也都聊过,从另一个侧面看法国底层人的生活。

与此同时,他看文化遗产也是走走停停的,并专门与景区的管理者、社区居民聊天,看文化遗产对一地经济、社会与文化发展的作用,对居民文化认同和自豪感的提升,因而,他对遗产的感觉也要比我们坐在教科文大楼里的国际公务员更直观具体。

需要补充的是,法国各界通过与他的交流,看到了中国企业家、中国人民对法国文化遗产和世界文化遗产的热爱,从而缩短了中国人民与法国人民的情感距离,如,我安排黄总与我的好朋友法国大作家洪多(Daniel Rondeau)见面,一个诗人一个作家,曾经的法国和中国的红卫兵,如今是各自国家的著名文化人、青年偶像,谈他们对世界和平、文明对话及人生价值,感觉到非常有意义。

这样的对话也让我萌发了在中国举办文化遗产与世界和

平作用论坛的想法。

自然,举办此论坛的参与方肯定是黄总的中坤集团,举办的地点一定是由黄总亲自打理并申请成功的安徽宏村教科文世界文化遗产地。

话说1996年黄总第一次参观有着八百年历史的安徽古朴村落宏村,他被美丽的古村落感动,同时也为其年久失修,村民为生存随意拍卖文物感到忧伤。

尽管创业刚刚起步,他决定由中坤投资数百万元人民币,聘请清华大学专家团队对古村落进行了整体维修,甚至规划改造,并决定在此基础上大胆地向联合国教科文组织申请将宏村列为人类文化遗产。

2000年,新世纪元年,宏村成为联合国世界文化遗产。此举,同时也开创了在中国和世界民营企业推动下的世界文化遗产保护与申报的先河。

媒体一般在报道黄怒波与宏村这段故事时往往是从其企业经营的角度,说他投资几百万,赚了数个亿云云,说他1997年就使宏村的门票收入从原来的17万元突增到400多万元,以后更是数亿级的增长,仅中坤集团还有20年经营期就可从门票上赚80亿等等,但记者们显然忽略了黄怒波的诗人情怀。

如果没有那种对文化的热爱,他不会投资维修这个古村落,而是投资回报更多的其他商业地产,那样的话,在资本市场上他依然是叱咤风云的开发商,但在中国青年的心目中他不再是个文化人,诗人,一个珍视文化遗产像珍视自己眼睛一样的人。

2014年春色秀丽的5月,我终于来到了安徽宏村,马上被其独特的景致、人与自然的高度和谐深深感动，蓦然有一种进入一代画坛大师吴冠中画中的感觉。

与我同行的美国同事彼特（Peter DeBrine）更是赞不绝口，为中国乡村传统的建筑文化所折服。

我和彼特、教科文驻北京办事处主任辛格（Abhimanyu Singh）及来自世界十多个国家的世界遗产保护和可持续旅游领域的专家，参加了首次由我们在宏村举办的首届"加强世界遗产保护及可持续旅游南南合作研讨会"。

会上，来自亚非拉各国的遗产保护专家对宏村的经验赞不绝口，希望将宏村的经验复制到更多的发展中国家。

晚上，黄总还招待我们观看由其亲自编导的声光秀《阿菊》。

这是一个讲述名叫"阿菊"的徽州姑娘的故事，剧情跌宕起伏，在阿菊的身上我看到了徽州女人的性格，进而了解了整个徽州人民坚韧不拔的精神，而这种精神，实际也是黄怒波身上所体现和我所强烈感受到的那种执著。

由黄怒波我还想到了航海家翁以煊，他与黄怒波一天一海，反映了中国民间公益的高度和广度。

话说翁以煊，一个地道的"京片子"。他个头并不高，脸色黑黝黝的，一看就是被海风吹的。

由于凤凰在教科文举办"同一地球、同一海洋"的电视辩论会，我有幸结识了这位海上奇侠。

同当今的80后、90后青年一样，翁以煊曾对生活一度产生迷茫。

如果不是航海，翁以煊与所有硅谷中国工程师的生活没什么差异，有着几乎是同质化的履历：（哈尔滨科技）大学毕业,到美国最好的大学攻读计算机博士,毕业后在硅谷工作,加入美国籍,30 岁时进入美国中产队伍。

然而,就在他年近不惑之年时,他突然发现他的人生缺少点什么。

那一年,翁以煊决定用他全部的积蓄,共三张银行卡、10 万美元,购买了一艘长 12 米、宽 4 米的二手单桅帆船,配上了自己的姓,叫“信天翁”,开始了他的海上人生。

1998 年冬季的美国,在冬日淡淡的阳光照耀下,他驾驶着“信天翁”,从旧金山金门桥开始,以 3 年 4 个月零 26 天的时间环绕世界一周,途经 26 个国家及地区,航程两万一千海里,经过太平洋、大西洋及印度洋,北美洲、南美洲、澳洲和非洲及合恩角、好望角、鲁汶角、塔斯梅尼亚西南角、斯悌沃尔特西南角等五大角。

翁以煊终于能像飞翔在天空的小鸟一样,脱离了城市的喧嚣和羁绊,使劲地与他的“信天翁”一起鱼跃翻腾,与大海嬉戏,与蓝天比高。

航行中虽然有大浪,有寂寞,甚至饥饿,但他为自己终于找到了自我,找到了他要的生活和生命的意义而欢欣鼓舞。

话说在首届教科文总部凤凰卫视海洋论坛上,出席者有前 WTO 总干事、全球海洋委员会委员拉米,潘基文秘书长科学顾问团成员、海洋专家 Susan K. Avery,法国海洋 NGO 组织 Tara Expéditions 的秘书长 Romain Troublé,以及教科文组织总干事博科娃,可谓高朋满座,但作为中国的航海家,翁以煊的到场及其故事却格外地引起大家的重视。

翁船长首先向大家娓娓诉说着如何在郑和下西洋 500 周年之际,一个人驾驭“凤凰号”,重新踏上郑和下西洋的征程,途经各种艰难险阻包括海啸,但同时也收获了许多人间温暖。

他回忆有一次,在印度洋的一个小岛上,有人向他挥手,他不知什么原因。对于他来说,经过漫长的海上漂流,终于看到了小岛,看到了有人生存的地方,这种突如其来发现生命和文明的情形让他喜出望外。

他于是向小岛慢慢划去,当他的船到达小岛边上时,他发现有一个父亲和一个小孩,他们像等待远方的亲人一样等待他的到来。上岸后他明白了,因为岛上没有任何人,也很少有人来,他的到来给这对父子带来了人与人沟通的喜悦。

为此,他大声发问,为什么不能让海洋成为人与人之间、国与国之间沟通的新的桥梁?

翁船长的故事让教科文组织突然意识到在中国民间同样孕育着一种热爱海洋的力量,它同时也表明作为郑和的后代,中国人民一直将海洋视作与世界人民友好交流的纽带与平台。

作为电脑工程师的翁船长,他以流利的英语滔滔不绝,他说中国人热爱海洋,不仅是因为海洋给了人类无穷无尽的经济宝藏,它也给了人类赖以生存的生物和生命资源。地球只有一个,海洋也只有一个。

他说,为了低碳环保事业,他现在的全部生活都在船上,生活得很简单,但很环保。

他不乏感慨,海洋对我们非常重要,但我们对青少年的海洋教育还是太少,每年的 6 月 8 日“世界海洋日”,我们没有尽可能地向青少年宣传海洋,包括在中国……

翁以煊的海洋人生和他的“凤凰号”,让我不由地想到教科文组织的“和平号”和其船长迪安博士(Doudou Diènc)。

"和平号"是1991年联合国教科文组织的一艘远渡重洋来到泉州进行海上丝绸之路考察的船名(沿途它还在海上救了泉州石狮的一条渔船),迪安是这艘国际考察船的船长,他率领50多位教科文学者,在泉州考察了6天,从洛阳桥、开元寺到东西塔,可以说把泉州的文化家底摸了一遍。

他们惊讶的是,这里完好保存着多种宗教遗址,大量的证据使他们确信这里是海上丝绸之路的起点。

正是这次考察引起了西方学界对泉州的重视。1997年教科文在泉州举行总结学术研讨会。随后泉州南音、闽南民居被列入非遗代表作。

于是,在凤凰与教科文海委会联合举办海洋论坛之际,泉州电视台在泉州网民中发起寻找迪安的倡议。

在泉州朋友的委托下,我几经周折找到大名鼎鼎但现已退休的迪安。

迪安是塞内加尔人,皮肤黑里发亮,曾是当年姆博总干事的发言人,是教科文组织多元文化部部长,法国著名的索邦大学博士,当年姆博总干事的《丝绸之路》《奴隶之路》《信仰之中》等跨文化对话与和平项目的最主要操盘手。

他一见到我,有一种似曾相识之感,马上向我回忆当年在泉州考察时的难忘情景。

我对他说,泉州人民特别想念他,感谢他当年为泉州所做的大量工作,想在论坛间隙来看看他,叙叙旧……

论坛那天,船长迪安如约与泉州的朋友见了面,出席了在教科文总部一楼大厅举办的泉州文物图片展示。

当泉州的领导在台上再次向迪安表示感谢时,我发现他的眼角里充满了泪水……

第四节
中国民间公益的滚滚洪流

说实话，当年本人在上海世博结束后加盟教科文组织时，对如何开展教科文与成员国公民社会，特别是与中国民营部门公益合作是没有任何思想准备的，但一不小心，我又成为教科文组织成立 70 多年来与中国民间合作的见证人。

助理总干事汉斯曾调侃我，说我不仅是教科文，甚至还是整个联合国专门机构中与中国民间打交道的第一人。

在某种意义上，他的话是对的。

6 年多来，教科文与中国民间公益合作从无到有，最后形成教科文组织预算外合作最重要的新兴力量，我是目击者、见证者，更是开创者。

与此同时，在这样的合作过程中，我深深体会到，教科文的国际人文事业也成为中国民营部门参与国际公益的主渠道。

首先，让我深受感动的是以凤凰、万达、中坤集团为代表的一大批中国企业，它们积极参与教科文组织的人文事业，不仅给我们可贵的资金支持，更有许多资金以外的无形的资源支持。

他们献给教科文的是一颗纯朴的公益心和通过他们的公益行动，提升和凸显中国人在世界舞台上的公益形象。

用刘长乐的话，就是“公益走出去”。

记得 2013 年 5 月在杭州召开世界文化与发展大会时，我们遇到了会务的预算问题，如果得不到企业支持，相当多的发展中国家文化官员与专家就不能与会，而文化发展会议，对发展中国家的意义是不言而喻的。

于是，我找到了万达董事长王健林，他二话没说就给我们提供了 100 万美元，并表示不索取任何回报。

在万达的支持下，我们不仅邀请了发展中国家文化官员与专家参加杭州大会，并专门组织国际专家班子撰写了《世界创意经济报告》(World Creative Economy Report)。

万达的赠款还使我们有可能将这份珍贵的报告翻译成西班牙语和中文，从而使全世界 4 亿西班牙语读者和近 14 亿中文读者可以了解世界创意经济领域的最新发展、理论及其成功案例。

分管文化的教科文组织战略事务助理总干事汉斯、文化事务助理总干事班达林(Francesco Bandarin)均对我非常感慨地说，像万达这样有世界影响力同时又如此谦逊的合作伙伴真是太可贵了！

我在前面还提到黄怒波的中坤集团支持我们的文化旅游项目，它使世界最大的旅游国家和世界遗产数目接近第一的中国[①]有可能接触到世界最前沿的文化旅游理论、经验和成功实践分享。

在此，我还想到凤凰卫视的刘长乐主席，他领导的凤凰卫视就是中国公益的一面旗帜，无论是其电视节目中无处不在的人文精神，还是凤凰制作人热爱文化遗产、热爱和平与文明

① 截至 2017 年 3 月，中国拥有 50 项世界文化与自然遗产，意大利为 51 项，西班牙 44 项。

对话，在中国社会一贯倡导的积极力量。在中国公益走向世界的同时，在教科文总部委实让人感到凤凰展翅后所刮起的一阵阵旋风。

这种凤凰旋风体现在凤凰与教科文联手的年度凤凰电视辩论会上，体现在陕西渭南农民高昂的阵阵老腔声中，表现在泉州非遗舞蹈、南少林一指禅大师的绝技中，更映显在凤凰一个个难忘的电视节目中。其中，凤凰赴利比亚、阿富汗、伊拉克三国拍摄战火中的世界文化遗产保护，更让我想起当年拍摄时的特殊环境，教科文总部又是如何协调，将凤凰的采访车刷上 UN 颜色和标识，为记者们取得一个个通行证，保证他们的拍摄安全……

此外，伴随着中国民企参与教科文事业的是中国的地方城市，它们根据自身文化和社会发展需要，主动对接教科文事业，其中，中国改革开放前沿城市深圳最具典型。

深圳的领导深知，要打造国际化大都市，深圳离不开教育、科学与文化的发展，这座离世界最近的城市，也是离教科文组织最近的中国城市。在那里，我们开始了与中国民营企业合作的先河(2011 年 8 月由博科娃总干事与深圳红钻集团董事长万宏伟签约，建立合作伙伴关系，推动中国传统非遗陶瓷艺术与非洲和阿拉伯国家的陶瓷艺术学校进行交流)。

我们还与深圳一起开启教科文的文化部门(Culture Sector)的另一项重要工作，即“创意城市网络”(Creative Cities Network)的合作。

深圳不仅是教科文创意城市网络的最活跃城市之一，还专门资助教科文，举办与发展中国家创意城市网络代表共同参与的创意城市网络论坛，讨论新形势下如何在此平台上加强南南合作。

深圳同样还是倍受教科文关注的“读书”城市和“博物馆”城市。

2016 年 11 月，由深圳至正艺术博物馆作为教科文组织“博物馆促进和平”战略合作伙伴推动的“国际博物馆高级别论坛”在深圳举行，这是教科文组织首次召开的全球范围内的高级别博物馆会议，教科文组织总干事、刘延东副总理、多国文化部长，以及法国卢浮宫、美国大都会博物馆、大英博物馆等 40 多个国家的博物馆馆长和专家代表 200 余人与会。

参与这些项目，不仅提升了教科文相关事业在中国和世界的知名度，同样也提高了深圳在教科文总部、成员国和创意城市网络中的知名度与美誉度。

与深圳一样，重视与教科文合作的中国地方城市还有南京、北京、上海等，正是这些城市网络，使教科文的生命力有了新的细胞组织，并在蓬勃发展的中国找到了新的发展机遇。

伴随着企业和城市与教科文人文事业的联盟，一大批中国公益非政府组织迅速向教科文靠拢，希望在教科文平台上找到它们的位置，发挥它们的作用，如“中国世界和平基金会”“阿拉善”和“中国公益联盟组织”等。

这些民间公益组织非常活跃，几乎对教科文所有的事业都有兴趣，这使我切身感受到中国公益力量在教科文平台上方兴未艾的明天。

最后，我想说的是一大批中国艺术家作为个人，将教科文的事业视作其艺术生命，甚至人生的存在理由。如果没有教科文工作，作为一名外交人员，我不可能遇到姜昆、朱明瑛、陈爱莲、韩美林、谭盾、蔡国强、张军等一大批蜚声中国和世界的艺术家。

与他们每个人的接触，让我强烈感受到他们对文化艺术的那种神圣使命感和对教科文的文化事业由衷的认同与热爱，他们将在教科文的每一次表演、展览视作向世界艺术圣堂的敬礼，看作向人类文化事业的宣誓。

迄今，我还记得70多岁的舞蹈家陈爱莲跳完舞后像孩子般激动不已的神情；谭盾大师在总干事博科娃任命他为教科文亲善大使仪式后，那种行云流水的弦律与狂风暴雨节奏"混搭"的谭氏"水"交响乐，如何使现场1 300多位各国驻教科文使节和法国观众如醉如痴；以及教科文"和平艺术家"、青年昆曲演员张军那天籁般的歌声后好一阵时间，每次我进入教科文员工餐厅就餐时，那些有幸在现场听到他歌声的餐厅招待员总会问我，你那朋友怎么样了，他的嗓子是否与常人不一样……

当然，我更忘不了昆哥和明瑛大姐对我工作的肯定和真诚感谢，忘不了大师蔡国强那种艺术的无限张力与为人的无限谦和所给人的强烈印象，以及渭南农民老腔艺术家对我说话时的那种憨厚、质朴，甚至让我不知道他想对我说什么，也不知道他叫什么名字，还有南少林大师一身绝技后面平和淡定的"禅修"文化，所体现的那种沁人心脾的力量……

说实话，我曾为没有机会与大文豪林语堂在教科文同事而感到莫名其妙的懊丧，为没能一睹大学问家胡适当年在教科文成立大会演讲的风采而抱憾，但本人也算赶上机会遇到上述这些中国艺术大咖，不能不说是人生的一大荣耀。

然而，也许是因为中国社会发展阶段的原因，在我看来，年轻的中国民间企业、地方城市、NGO和慈善家等，与教科文的合作还是有许多值得注意的地方。

1. 与国际上其他企业相比,中国的民营企业参与教科文的策划不甚到位。

一般说来,中国企业给完钱后对项目的参与和影响力不大,也不太介意,而一些做得好的国际企业则不然,它们不仅挖掘项目深度主题,而且深度参与,使教科文的项目对企业自身的 CSR 形象有直接的提升,如法国化妆品公司欧莱雅,它们支持的项目是"世界杰出女科学家成就奖"(L'Oreal-UNESCO for Women in Science Award)。

这个项目好就好在一下子抓住了教科文"科学"与"男女平等"两项核心使命,"一石二鸟",使其公益形象覆盖面达到最优化。

此外,虽然评奖过程,包括候选人、国际评委等遴选过程均由教科文指定的独立机构来完成,但颁奖仪式却是由欧莱雅通过其指定的公关公司直接运作的,从而使这一神圣的活动也同时成为欧莱雅公司社会责任和客户关系维护的重要资源。

当他们在教科文总部一号大厅举行盛大辉煌的颁奖仪式时,我看到的不仅是获奖女科学家激动的眼泪,也看到了来自世界各国的欧莱雅客户们对其在世界上积极提倡"男女平等"和"科学"的那种企业价值与文化的认同,更看到了这一活动后在巴黎戴高乐、伦敦希思罗、上海浦东和纽约肯尼迪机场候机楼里铺天盖地的相关大视频画面里那些激动人心的场面……

2. 无论是中国企业、城市,还是 NGO 慈善组织,抑或公益人士本人,对教科文的相关运营机制和国际使命还不太熟悉,在与教科文秘书处打交道时比较容易按中国式的思维和方法处理问题,从而有时会使双方的磨合过程比较长,效率低。

同样,由于教科文人少事多、会多、假期多,内部协调周期长,让中国合作伙伴感到效率低,甚至造成对教科文组织的文牍主义和官僚主义印象。

3. 需要建立国家主管部门与中国公益组织之间的良性互动机制。

教科文《组织法》明确规定,教科文的和平使命必须建立在政府、知识界、民众的精诚合作基础上。

为此,与联合国所有专门机构相比,正是由于这一特性,教科文组织与中国社会的合作门槛是最低的,换言之,任何有志于参与与世界不同民族之间的文化对话,认同教科文和平使命的人,均可以与教科文有关部门联系,甚至参与到它们的工作中来。

然而,教科文组织使命的这种特殊性对国内有关部门的管理工作带来了新的挑战。一方面,教科文需要中国社会最广泛的参与,另一方面,作为政府间合作组织,教科文同样需要任何来自中国社会的企业、NGO、地方政府、个人参与教科文事业得到中国政府主管部门的背书。

很显然,有序和有指导地让中国社会各界参与教科文事业,而不是将这些拒之门外,甚至防范这些民间公益力量参与教科文事业,应该是中国教科文事务主管部门的利益所在。

因此,国家主管部门与中国公益组织之间建立一种良性互动的机制很有必要。应该看到,随着中国社会公益力量的迅速崛起和不断“走出去”，这股滚滚洪流提升了中国在国际舞台上的亲和力，成为国家公共外交的重要组成部分。

也许，渭南的农民艺术家确实“土”；

也许，人大附中学生的中国非遗文化传承技艺与大师们的技艺确实有“天壤之别”；

也许，“中国和平基金会”“阿拉善”等中国的公益组织在国际舞台上才刚刚起步，国际交往水平有待提高。

然而，不管怎么说，这股滚滚洪流让我看到中国的公益队伍浩浩荡荡，他们热爱教科文事业，有备而来，在献出他们宝贵的时间和财力以及人力资源外，将历史上由于行政管理所分割成的中国社会各种资源整合起来，形成一种跨部门、跨行业的全社会参与型的国际公益活动，这对中国国家形象的提升无疑是十分有益的。

第三章
青年的偶像

第一节
柯伯格、哈尼和吴晶

一、传奇少年慈善家柯伯格

我认识加拿大传奇少年慈善家柯伯格是在 2014 年夏天，我们与南京 2014 年夏季青奥会组委、中华全国青年联合会一起在南京主办的“世界青年体育、文化与和平论坛”上。

柯伯格个头并不高，蓝色的眼睛，一头卷发，十分帅气地坐在我的边上，全身上下透出一种精明利落又不乏谦虚与真诚的神情。

由于策划论坛的原因，我较早开始关注柯伯格，这个国际青少年公益“大咖”。

话说在 1995 年，柯伯格才 12 岁时就在加拿大多伦多创建一个名为“解放儿童”(Free the Children)的 NGO 组织，投身世界和平和人文事业。

因此，你别看他才 30 多岁，在国际青少年公益界资历很深，三次获诺贝尔奖提名，见过曼德拉、德蕾莎修女和数不清的总统、好莱坞巨星、商界巨子等各界名人、领袖，自己还是联合国儿基会形象大使，也是罗斯福自由勋章、加拿大总督功勋勋章获得者和瑞士达沃斯世界经济论坛所评出的“明日全球领袖人”之一。

在论坛上，他向南京的青年们讲述了当年他如何创建“解放儿童”的情形：

有一天，他在多伦多星报上读到了一篇有关“12 岁孩子为童工呐喊被谋杀”的报导，说的是巴基斯坦一个穷人家的小男孩，叫伊巴克，家里实在太穷了，4 岁时父母将他以 16 美元的价钱卖给了地毯厂的人贩子。于是，他就和其他地毯厂的孩子们一样日日夜夜工作。

10 岁时，他终于逃了出来并大胆地到不同的社区，向人们讲述他们童工的悲惨经历，劝说父母们千万不要将孩子卖给陌生人。

12 岁时，有一天当他在骑自行车回家的路上，人贩子将他杀害了。

柯伯格当时也正好 12 岁，看到这个报道非常愤怒，便把报纸带到教室，问老师可不可以在班上读给同学们听。

故事念完后，柯伯格马上向同学们建议，应该立即行动起来，为伊巴克和他的同伴们做些事。因为柯伯格的同学都是 12 岁的孩子，在场有 11 个同学举手同意他的想法。

这样，一个由 12 个 12 岁孩子组成的青少年 NGO 公益组织——“解放儿童”就成立了，其最初的目标就是要将世界各国的童工从糟糕的环境中解救出来。

柯伯格说，从 1995 年创建到今天的 20 年来，他们已从 12

个12岁的孩子发展到今天由来自世界各国200万年轻人参与的国际青少年公益组织，活动的领域也从一开始解救童工到关注更为广泛的公益领域，如为世界各国需要帮助的儿童们建校舍、提供课本、师资、清洁用水。

在亚洲，由他们创建的学校超过100所，超过100万儿童获得他们提供的医疗用品和清洁饮用水。

音乐大师谭盾的太太告诉我，她儿子就是柯伯格的粉丝，去年暑期报名参加了非洲的公益活动，他在村里帮助非洲同学建校舍，挑土和泥垒砖无所不干，这在上海家里根本不可想象。

孩子回来后，也像变了个人似的，特别关心非洲的事情和那里儿童们的学习、健康和生活情况。

谭太太还告诉我，她特意来南京就是因为儿子想见柯伯格，平时见不到，现在他来南京了，机会实在难得。

她还告诉我，甄子丹的儿子也来了，他也是"解放儿童"的成员，也去过非洲，也想见柯伯格一面。

我突然觉得，柯伯格的故事让我想起白求恩，一个加拿大人，不远万里来到中国……

诚然，柯伯格与白求恩所处的时代非常不同，他们的故事也很不一样，但骨子里却异曲同工，都体现一种大爱精神，一种国际主义精神，这种精神可以是世界的，也可以是中国的；可以是成年人，也可以在青少年心中生根发芽。

至少，柯伯格已深深地吸引了谭盾之子、甄子丹之子等一批又一批中国青年，让他们去非洲吃苦，去献出爱心，去理解他们非洲小伙伴的不同的命运，去理解联合国教科文组织所倡导的青年、体育、文化与和平使命。

柯伯格在论坛结束的晚宴上告诉我，他们已在中国的河北、甘肃、安徽开展活动，在那里帮助贫困地区的儿童建学校，向他们提供课本和清洁饮用水等，这些学校累计已达 25 所……

二、哈尼的灿烂微笑

我教科文的同事亚历山大（Alexander Schischlik）是教科文社科部分管青年体育项目的资深高级项目官员，他对我说，南京的青年论坛一定要请巴勒斯坦姑娘哈尼（Honey Thaljieh），她的故事是体育推动和平的经典，听完不仅让人感动，更会让人为体育的这种神奇力量感动。

哈尼是位巴勒斯坦姑娘，阿拉伯人，但不是穆斯林，是个基督徒，出生在巴勒斯坦的伯利恒。

她是巴勒斯坦历史上第一支女子足球队的创始人，也是巴勒斯坦国家女子足球队的联合创始人、首任队长。

说老实话，她在巴勒斯坦踢足球的故事破了巴勒斯坦社会的“天荒”，无论就其在体育与和平方面的作用，还是对巴勒斯坦社会本身的男女平等、现代社会建设、尊重个人选择等政治和体制文化的影响等，均产生了冲击波。

在论坛上，她详细分享了体育对和平的促进作用，分享了她从开始踢足球的第一天起的痛苦与快乐，及她创建巴勒斯坦女子足球队的整个过程。

需要知道的是，哈尼所推动的足球运动并不是在一个和平的国家及和平的环境下进行的，而是在以色列对巴勒斯坦的占领和在被占领土巴勒斯坦人民，包括巴勒斯坦青年学生前仆后继的武装斗争的背景下。

她最早踢足球是在2003年，正是巴勒斯坦被占领土人民第二次武装起义时期(intifada)，而一次次武装斗争失败，一次次巴勒斯坦青年们的鲜血付诸东流，也使她感到，时代变了，也许实现国际正义与和平还可以通过其他途径。

她希望足球和体育作为一种媒介，在巴勒斯坦青年和以色列青年中架起一座和平对话的桥梁，让和平竞技取代那种无谓的流血暴力，让外交斗争取代枪炮子弹。

功夫不负有心人，在其不懈努力下，她的事业成功了，她也成为国际体育与和平的象征。

由摩纳哥亲王倡议成立的国际“体育和平”组织授予她“和平冠军”的称号，国际足联(FIFA)聘请她为国际足联公关部总监，让她代表国际足联在世界各国推动足球促进和平的事业。

她还被著名的阿斯平协会授予“40岁以下年龄段的世界领导人之一”的荣誉，她所倡导的体育促进和平、促进男女平等的理念已在越来越多的阿拉伯世界被更广泛的女性所接受。

需要补充的是，本人写哈尼，无意在读者心目中讲述一个巴勒斯坦版的灰姑娘故事。

相形于个人的成功及其在西方发达国家的物质生活享受，哈尼不能释怀的是500万巴勒斯坦江东父老的每天的生命权与和平权。

她在晚宴上对我说起，她住在瑞士苏黎世，经常回巴勒斯坦看望父母，但每次回伯利恒，就是一种屈辱和愤懑。

与圣城耶路撒冷毗邻的伯利恒，原本是耶稣降临之地，全世界基督徒的朝圣之处，但她无论从以色列特拉维夫机场回家，还是从家里到机场，那近在咫尺的机场，区区 20 多公里，却比 200 公里还要漫长，她需要绕过以色列建的巴以安全隔离墙，来到以色列大兵把持的哨卡，经过他们的各种盘问、安检，过五关斩六将后方可来到本·古里安机场。

然后，迎接她的又是登机前没完没了的安检，而她的护照又使这种安检变得更加复杂。

她对我说，当那些以色列女兵姑娘们，一个个年龄比她还小，一边看她的护照一边上下打量她时，那种诡异、轻蔑、怀疑，甚至不怀好意的神情让她心中的无名之火马上升腾。

但她又想到，这些毕竟是年轻人，巴以总有一天要和平时，心中的火就消了许多。

她的话，让我想起 2010 年上海世博会巴勒斯坦馆馆长阿布杜拉曾对我讲的话。

他说，从特拉维夫机场飞中国总共才十多个小时，而他从巴勒斯坦民族权力机构所在地拉姆安拉到特拉维夫机场就要七八个小时，途经各种以色列关卡，受尽各种不公，这让他不仅渴望和平，更渴望巴勒斯坦成为一个真正意义上的国家，拥有自己的机场，能让巴勒斯坦人自由地飞向世界各国。

相形之下，除了以色列的高高的隔离墙和层层哨卡，哈尼还要面对的是巴勒斯坦社会的那个高墙，那种文化上的偏见和阻力。

因为她是巴勒斯坦女人、阿拉伯人和生在伯利恒的基督徒，她集中了流言蜚语最理想的各种元素，是保守的巴勒斯坦社会和阿拉伯世界大男子主义思想最佳的靶子。

作为建筑承包商的父亲几次与她商量，甚至哀求，并愿意支持她任何足球以外的娱乐和体育形式，而不是像男孩子那样在足球场撒欢。

看到效果有限，老爸对她说了狠话，甚至下了最后通牒，让她不要沾上足球，否则就要断绝她的经济来源，让她上不了学。

哈尼深知，这一切都源于父亲对她的爱，希望女儿成年后在阿拉伯社会有她的地位，免得让街坊四邻说三道四，抑或成为阿拉伯文化中的异类，是一种耻辱。

哈尼望着我，说得很入神。她说整个过程对她来说非常痛苦，但她倔强的性格和父亲最终的怜悯之心及宽容和理解最终帮助了她，使她成为不仅是巴勒斯坦历史上的第一位女子足球队员，而且成为巴勒斯坦历史上的第一支女子足球队的队长。

每当她们踢球时，媒体会给予许多报道，一些重大比赛，巴勒斯坦权力机构主席阿巴斯还亲自出席。

哈尼说，对于这一切，她的父亲感到非常自豪。

2014 年 8 月 26 日，与哈妮（右二）和南京青年论坛的其他代表晚宴后合影

我想，哈尼将足球世界带给巴勒斯坦姐妹们的故事，就如同一场文化革命，就如同当年香奈儿(Coco Chanel)所开创的女子“裤子革命”，那种作为女人居然换下裙子穿上裤子时给保守的西方社会带来的石破天惊。

不仅如此，她就如昔日的香奈儿，香奈儿不仅自己穿了裤子，还要为所有法国女人做裤子，并号召她们穿裤子，而不再是唯一的裙子……

三、阳光盲女吴晶的故事

与哈尼的故事一样，吴晶的故事和她热爱国际人文交流的事迹让我内心感动，几度泪流。

我也是在南京青年论坛上认识吴晶的，说她是中国的“海伦·凯勒”一点也不过。

她出生在江苏泰兴，1岁半到2岁多时，眼球里出现一种致命的肿瘤。医生告诉吴晶的父母，这孩子如果摘除眼球，有可能保住命；如果不摘除眼球，恐怕性命难保。

如此，残酷的命运就这样剥夺了吴晶获得光明的权利，但这丝毫没有影响到她对生活炽烈的热爱和为此而拼搏不息的劲头。

7岁时，吴晶在扬州聋盲学校上学。

14岁那年，酷爱体育和不怕吃苦的她，在全国第六届残运会上，凭着超乎常人的毅力，一举摘得100米、4×100米两枚金牌及200米铜牌。

2004年，她参加首届亚洲青少年残运会，拿下了3枚金牌。

同年,在雅典的奥运会盲人 100 米预赛上,吴晶跑到 80 米,大腿肌肉突然拉伤,队医表示腿伤太严重了,决赛肯定不能参加了。倔强的吴晶含泪对教练和队医说,来雅典是我和母亲的梦,就是走也要走到终点。

当她拖着受伤的双腿,一瘸一拐地走过百米赛场时,全场观众起立为她鼓掌。

尽管只获得了雅典残奥会的 100 米第六名,但她不屈不挠的意志征服了所有现场的观众,人们无不为中国的铁姑娘动容。

吴晶不仅在体育场上是个拼命三郎,学习上也不例外。勤奋好学的她,终于在 2005 年 4 月被南京外国语学校破格录取,成为该校成立 42 年来第一个盲人学生,并获得了“中加班”成立以来的第一个全额奖学金。

她回忆到,对一个盲人学生,数学老师是如何发动全班同学给她做几何模型,让她触摸到看不到的几何形状。平时写在黑板上的授课内容,她看不见,任课老师不厌其烦地将其输入电脑,然后再通过电脑转化的发声来帮助她完成学习。因为这种方式很费工夫,吴晶几乎每天都要学习到深夜十一二点钟,却从来没叫过苦。

2007 年,吴晶的命运又发生了重大的变化。

应美国盲人协会邀请,她对美国进行了为期一个月的访问。由于她出色的表现,美国著名学府斯坦福大学、耶鲁大学、哈佛大学等纷纷向她敞开大门,同意接收这位来自中国的盲人女学生入学。

吴晶分析其原因,她认为一是自己成绩优异,英语非常流利;二是参加过奥运会;但最主要的还是其坚强的性格给这些学校的考官留下了深刻印象。

最终,吴晶如愿以偿,在美国开始上大学,但一年后,她又决定到瑞典的音乐学院深造,原因是在扬州聋盲学校时,她不仅爱体育,也酷爱文艺,喜欢吹长笛。由于看不见乐谱,是老师手把手告诉她每个音符在什么位置。但功夫不负有心人,吴晶的笛子演奏水平达到10级。

因此,她选择到瑞典的艺术院校深造长笛是再顺理成章不过的了。

是晚,在南京青年论坛的晚会上,她一身白色的晚礼服,向来自世界和祖国各地的青年们表演了她的长笛,笛声悠扬旷远,给人一种美好和圣洁的力量。

我想,这种声音与其说是吴晶的笛声,不如说是其心声更贴切。

吴晶说,人生就是一张空白地图,自己每走一步就是在绘制它,有的人正常走,有的人用拐杖,有的人坐轮椅,大家都会走弯路,但弯路也许也是锻炼我们自身的必经之路。

人生就是不断寻路,然后走出自己的路。

就这样,一个来自江苏泰兴极为普通家庭的残疾姑娘,靠着她超人的意志,战胜了一个又一个困难,成为生活的强者和赢家。

就这样,她携带着她的长笛,陪伴着她的瑞典乐团,云游天下。

她到过的许多地方有的我听都没有听说过,自然,她所经历的一切,包括悲欢喜乐也是我一个常人所难以体会到的。

2015年11月,联合国教科文组织成立70周年前夕,我们邀请吴晶出席教科文组织两年一度的青年论坛,她先用中文、法语、瑞典语向大家致意，然后用流利的英语讲述她自己的成长故事，一个体现青年、体育、文化与和平思想的美丽故事。

吴晶的话像一缕阳光照进会场，让来自世界各国的青年代表们无不动容。

会议结束后，她让我与她一起合个影，又要了我的微信号，一边嘴里不停地说，你们教科文可真漂亮啊！

看她照像一张接着一张，使用微信速度之快，让我倍感诧异，这个乐呵呵的小姑娘到底是不是真的盲人？

交谈中，她告诉我她瑞典男朋友对她如何好，瑞典人如何尊重盲人，她的导盲犬如何善解人意。

她又说每年回国演出的那些趣闻，说国内现在又是如何改善盲人的生活条件和社会地位的，云云。

与这样爽朗的女孩在一起，你会被她乐观的人生态度所感染，被她的这种无形的正能量震憾。

吴晶说，小时候眼睛突然看不见东西了，很多人认为看不见就应该在家里待着，但她玩童的内心里也想像其他孩子一样爬树、爬墙，和小伙伴一起玩。

“上帝给你关了一扇门，同时会给你打开一扇窗。但是这扇窗开在哪里，上帝也许并没有告诉你。这就需要我们去寻找，寻找自己心灵的钥匙。”吴晶补充道。

第二天，吴晶要回瑞典了，我再次到她下榻的饭店向她道别。

饭店离教科文大楼一尺之遥，我想在她退房后抽空看看她，聊聊天，半小时后再回办公室处理我案头的急事。

当我抵达饭店时，她还在餐厅用餐。

来自瑞典的其闺蜜中国姑娘 Amy Qiao 告诉我两件事：

1. 吴晶觉得法国牛排特别好吃,必须在饭店吃完后再回瑞典;

2. 吴晶的护照找不到了。

如此两个风马牛不相及的消息让我颇感意外,但与牛排相比,无论如何,丢护照是件大事。没有这样的旅行证件,吴晶还能回瑞典吗?

只见一旁的吴晶,乐呵呵地劝我说:“徐老师,我该找的地方都找了。顶多法国海关不让我走,那正好让我留下来了,我反正在你们巴黎还没有呆够呢!”

我说,还是找找吧,万一找着了呢?

“没事,徐老师,您就别操心了,反正他们得让我回家去,我才不管呢!”

“来来来,你也来块牛排,法国牛排怎么那么好吃啊?”

这是性格坚强的吴晶给我的另一面。

两个小时后,她从机场发微信告诉我,她已登机。(她来自)申根国家,法国警察看都没有看她的护照……

吴晶虽然离开巴黎了,但她的微信让我跟着她继续走南闯北,看那些一个正常人都不太容易想像的人与事。

2016 年 5 月,吴晶与瑞典皇家交响乐团一起成功演奏了一首脍炙人口的勃拉姆斯匈牙利第五号舞曲,博得了在座3 000 多位瑞典观众的热烈掌声。

让一个盲人音乐家与交响乐团一起演奏,这不仅是人类音乐史上的一个奇迹,也是吴晶本人的艺术生涯的又一个高峰。

吴晶在微信群里与所有的朋友分享她的喜悦。

作为远方的朋友,我自然为她高兴,这里有科技进步的作用(通过遥感技术使其感觉到指挥棒的每一个动作),更重要的还是吴晶本人的努力,那种源自内心、永远向往美好的力量。

就在我写此书时,我在微信里看到她在繁忙的演出结束后与男友一起到美国旅游,参观联合国大楼,在法拉盛品味家乡小吃,介绍美国大街小巷所看到的从盲人专用人行道、盲文路标到 ATM 机上盲人专用取钱设施。

来到了美国,她在微信里特意提到了她的干爸施耐德(Dr. Harold W Snider),一个获得牛津大学历史博士学位、布什总统任期内《美国残疾人保障法》的起草人,一个毕生为美国残疾人事业作出巨大贡献的美国盲人。

我想,怪不得吴晶有充沛的力量,她一定是将施耐德,抑或海伦当作她的人生坐标,一种生命的"定海神针"。

我觉得,在今天这个变化特别快的浮躁社会里,吴晶励志的故事对谁都是适用的。

相形于吴晶所遇到的困难,我们生活中那些坎坷和不顺畅就如同鸡毛蒜皮一样不足挂齿,而一种感恩的心、阳光的心应该是我们这个时代青年的特征。

第二节
柯伯格之问

一、柯伯格之问

在南京,朝气蓬勃的柯伯格与我多次有单独交流机会。

他是个爱问问题,特别是那些不容易回答的问题的人。

他问我，中国崛起对世界意味着什么？

他放下杯中的咖啡，非常认真地看着我，对我说道："今天，中国在政治、经济、军事，甚至文化方面在世界舞台全面崛起已成为不争事实。然而，全世界并没有意识到这种崛起对人类意味着什么，对人类的公益理念(philanthropism)意味着什么？"

"今天，是中国向全世界回答的时候了。"

像所有西方青年一样，柯伯格对我讲话时没有那种转弯抹角的外交辞令，且语言直接又犀利。

说实话，我对这位雷厉风行的加拿大青年的问题是没有准备的，我听着他的问题，蓦然心头一沉，隐约觉得问题的严重性。

我姑且把柯伯格问我的问题表述为："柯伯格之问"！

因为，他对我直言不讳地说，他没有看到或体察到中国崛起的这一维度或变化意味着什么。

他的话很不中听，甚至非常刺耳，但如果说是他错了，那又错在何处？

如果我要驳倒他，说服他，甚至教育他，那我又要用什么具体的事例呢？

毛泽东曾说过："中国要对人类有重大贡献！"

然而，在毛泽东那个革命的时代，由于各种局限性，包括中国经济本身在世界的体量，使得在毛泽东的时代，这种对人类要有重大贡献的说法主要体现了毛泽东本人的一种天下观，或他对青年一代的殷切期许……如同他经常对青年人所说的那样，世界的未来归根结底是属于青年的。

然而，当中国今天已发展成为世界第二大经济体，而且在不久的将来还要成为世界第一大经济体的时候,“柯伯格之问”就变得非常有现实意义。

2014 年 8 月 26 日,与柯伯格(前排左二)一起出席南京青年论坛

这样的拷问也让我们重新思考类似许纪霖等人所提出的“富强崛起”与“文明崛起”及“道德崛起”之辩。

放眼世界,与历史上任何其他时期最大的不同是,不仅当下全球化的深度、广度和强度前所未有,而且本轮人类历史上的全球化浪潮已不再仅仅是商品、技术、资金和人员流动所导致,而是一个在谷歌、脸书、微信、WhatsApp、Twitter、YouTube、Instagram、Skype 等数不清的互联网技术推动下的思想全球化。

为此,人类从来没有像今天这样面临着一场史无前例的思想、意识、理念与文化和文明的大交融、大碰撞,形成了一个世界范围的统一的“思想大集市”。

在这个“思想大集市”里,不管你愿意不愿意,各种观点通过各种新技术、新手段,将平等地“百花齐放,百家争鸣”——无论是美国总统特朗普惯用的 Twitter,还是另一种被广泛使用的 YouTube 视频，或者其他什么传播方式，其传播信息的平台是一律平等的，其拥有的传播技术水平也几乎是相同或相近的。

在这样的一种思想和文明大崛起、大博弈的大千世界里，在这个世界范围的“思想大集市”里，中国必须要回答中国的和平崛起将向世界提供什么样的思想产品以及什么样的新文明和文化？

换言之，在这样一个百花齐放的世界范围的“思想大集市”中，中国和平崛起的理念和哲学基础将扮演着何种角色？

中国如何如毛泽东所说的那样，对世界和人类文明要“有重大贡献”？

然而，让人抱憾的是，在这个不同文明与思想大博弈的大千世界，相形于经济的贡献，中国的声音是微弱的，中国自身的传统的价值体系在商品和资本的荡涤下也在面临一次又一次现实主义的拷打。当旧的价值体系已经被摧毁，而“拜金主义”、经济利益至上在一些中国人的头脑中盛行的现实状况是否会影响到中国在世界上的文明形象，这是中国在对外国家形象传播中不得不关注的重大问题。

许纪霖以一部中国近现代史和世界文明史来验证和提醒我们，缺乏文明崛起的富强崛起是一种“可怕的富强，是短命的富强，是外强中干、没有灵魂的蛮力”。

加拿大年轻人柯伯格也从国际公益的角度，从人性温暖的角度问我们，在中国已经实现“富强的崛起”的今天，何时看到中国的“文明的崛起”？

对于这些严肃的问题，中国准备好了吗？中国社会准备好了吗？

二、中国的公益教育

谈中国的“文明的崛起”，必然要谈到中国社会的公益精神及公益教育。

近年来，随着中国经济的迅速发展，可喜的是，中国的一大批企业家和中产阶级家庭加入了慈善公益队伍，每年的公益慈善榜不断更新，善款金额不断递增，甚至这种慈善活动还扩大到国际上，如阿里巴巴的马云，一次就向澳大利亚纽卡斯尔大学捐赠 2 000 万美元，成立“马云—莫利奖学金”教育基金，以及对联合国妇女组织赠款 500 万美元，用以推动男女平等、女性赋权。

然而，从宏观的国家层面看，特别是相比发达国家，无论在形式还是内容上，如人均公益活动的时间、赠予的善款和社会组织数量，中国社会的公益慈善才刚刚起步。如与法国相比，法国这方面的各种社会组织包含了全国总人口的三分之一，也就是说，每三个人中就有一个人献身从环保、扶贫、关爱到文化、体育、教育等各种公益事业。

一些公益组织，如“无疆界医生”（Médecin sans frontier）还获得诺贝尔和平奖。一些杰出的个人，如环保人士尼古拉·雨露（Nicolas Hulot）的社会美誉度和影响力远远超出一些政治人物，包括总统，以至于马克龙当选法国总统后在第一时间向其伸出橄榄枝，邀其担任政府副总理兼环保部长。

要知道，此前希拉克、萨科齐、奥朗德三位总统都曾“三顾茅芦”，向其频频发出入阁邀请，雨露却总是引而不发。

从国家的制度层面看，源于 1901 年的“法国社团法”保障了公民行使公益权的权利,从而使这样的公益活动还发展成为一种社会企业,成为法国在企业、政府之后解决公民就业的第三大领域。

各种法律,特别是阿亚贡法(Loi Aillagon)可以为支持文化等公益事业的企业减少最高达65%的所得税。

从公民角度看,各种公益文化教育深入人心,许多人做好事觉得是应该的。更为可贵的,这些做好事的并不是所谓的成功人士,而是一个极为普通的人,经济收入并不高,但他们愿意通过公益来践行其内心的慈善愿望,让他们的一颗普通的公益心在紧张激烈的市场竞争社会生活中得到片刻的宁静与休息。

这种源于个人慈善之心的做法与中国人传统的慈善理念如出一辙。

换言之,这种中国人的慈善之心,就是在中国历史上最困难的时刻,在兵荒马乱的民国时期,源于中华文化的慈善美德传统观念以及外来融入的佛教思想,国人做慈善的热情在民间从来就没有迟缓、减少、停止或犹豫过。

然而,与改革开放后中国人不断富裕、中产阶级蓬勃兴起、公益发展出现喜人势头相对照的是,目前中国社会的慈善和公益状况与当今中国的社会经济发展状况是完全不相称的。

应该看到,当前整个中国公益教育的缺失,源于人性教育的缺失。

与中国在国际舞台迅速崛起相呼应的是一个大国国民素质的崛起,而这种素质肯定不是那种尔虞我诈式的小聪明,肯定不是那种实用主义式的关爱,肯定不是那种漂亮言词包装下的自私自利,肯定不是那种信誓旦旦后的言而无信。

但这样的公益教育,我们究竟开展了没有?

我们天天讲培养 21 世纪新人才,除了培养创新性、好奇心、想象力、批判性思维的同时,也许,最应该的还是对青年人最起码的“同情心”教育。

遗憾的是,这种同情心教育至少在目前的中国教育现况及其理念中是体现得非常不够的,它强调的是“人”,与强调“才”的所谓“人才”教育是不一样的。

在目前的“人才教育理念”里,“德、智、体”全面发展已被简单归结为培养有竞争能力的人才,而德、智、体,甚至德性和知识均被视作一个人的竞争力元素,宣称学生掌握的越多他们就拥有在社会上更强的竞争能力。

与此不同的是,同情心教育寻找传统意义上学校那种着重培养学生自由的人格、博雅的知识功能,培养的是有人文情怀、善良之心和天下观的人,而非蜕变为一个实用的功利主义者,强调的重点是“人”的发展。

这种强调人的身心发展教育的本质是公民教育、人的教育和人格、情怀、情商的培养,是从柏拉图的《理想国》、卢梭的《爱弥尔》到西南联大那种看似“乌托邦”,却关乎人性最纯朴、最直接和最温暖的部分。

于是,我们不仅会问,为什么中国就没有出现 12 岁献身国际公益的“柯伯格”?

为什么在华夏大地,类似“芮成钢”这样的自私自利的“高考状元”“精英”在我们的生活周围层出不穷?

北京大学钱理群教授将一些由我国著名学府通过所谓“实用主义、实利主义、虚无主义教育”培养出来的“新一代精英”概括为“精致的利己主义者”。

在钱教授看来，这些人最大的特点是将自己的一己私利作为其言行的唯一和绝对的直接驱动力。

在这些人眼中，为他人做事，更不要说为社会做什么，全部是一种投资，期待着的是一种快速高倍的回报，如同任何创新项目的那种“天使投资”一样。

在这些人的字典里，找不到奉献、牺牲和利他主义等最起码的公益价值理念。有的却是高智商、高教养、世故、老到、老成，故作忠诚状，很懂得配合、表演，特别是很懂得以当今中国特殊的体制力量来达成自己的目的。

显然，在中国急速走向世界强国，回到世界各民族之林中心位置时，回归中华民族传统的公益教育刻不容缓，而这样的公益教育肯定要与目前的青少年学生升学，上北大、清华等名校，或赴美国常春藤大学需要的社会简历所要求进行的公益活动不完全相同。

同样，它也是与“重阳节”那一天敬老院里挤满了给老爷爷老奶奶洗脚的学生，而且是来了一批又一批，洗了一次又一次，然后一年里再也不来的那种做法所不同。

一句话，中国要进行的青少年公益教育，不是指那种急功近利、形式大于内容的伪公益，而是实实在在，发自青年一代心声的对中国儒家文化重视人性、德性培养的传统传承。

三、“爱祖国”与“爱人类”的二选一题

吴建民生前在与其母校南京市田家炳高级中学同学见面

时，特意告诫这些年轻人要“爱祖国，爱人类”。

“爱祖国，爱人类”，这本来应该是互为统一的事情，但在现实生活中好像并不尽其然。

对青年人来讲，爱祖国好说，也比较形象，人人接受，爱人类原则上也没有问题，但其在生活中显得太抽象，曲高和寡。

这里可能涉及如何在孩子们的心目中植入人类“大爱”的思想种子。

然而，什么又是人类的大爱思想？

我想，人类的大爱思想并不抽象，它应该是中国文化传统中的天下观和人类共同的价值理念的体现，它肯定超越文化传统、意识形态，甚至政治制度，是一种作为人的本能性的善的举动。

有国际影评专家感慨，几乎成为世界第一电影市场的中国，为什么电影界从来也得不到奥斯卡“小金人”？

圈内的人都知道，这不是演员的演技、导演的水平，电影投资的规模等问题，而是电影题材所表现的“大爱”精神不够，而这种“大爱”精神就是电影所要叙述的一个个生动的故事，及这些故事所承载的那些超越一切文化、意识、审美差异的价值理念，那种属于人类共有的价值“感动”。

在全球化的今天，中国的和平崛起，必然需要公益思想中的国际主义精神层面的崛起。没有“爱祖国”与“爱人类”的新的天下观，中国崛起就会显得与世界毫无关系、就有可能被国际社会认为是中国自身的事情，如此显然对中国不利，实践上也不可能。

事实上，在地球村里，任何国家，尤其是中国，即使为其自身利益也得积极参与全球共治，从而使人类有可能团结起来，共同对付从一切形式的暴力、极端主义、文明冲突到公共健康领域的各种疾病，以及自然界由于气候变化所形成的各种生态恶化。

在这样的历史条件下，“爱祖国”与“爱人类”不是二选一题，而是一个统一命题，即爱祖国，自然也就爱人类，自然也就是把自己当作世界的主人。

如果全球化是人类社会发展的必然阶段的话，很难想像一个不爱“人类”的人如何真心实意地去接受、拥护和推动全球化。

由此，我们将引出在中国青少年中的“世界公民”的公益教育问题。

对应于国际社会对全球化条件下的全球共治呼声，联合国及其专门机构及数不清的世界其他政府间国际组织和非政府组织，它们均在呼吁各国政府在其青年中树立“世界公民”意识，各种类似的教育项目应接不暇。

还是那位叫柯伯格的加拿大青年，他所创立的另一个公益组织“Me to We”就是其中的一个，它每年吸引着来自全世界各国的公益青年，包括我在前文提到的谭盾和甄子丹的孩子们，让他们从小去学习如何关爱非洲的同龄孩子。

“Me to We”的国际影响力非常大，它每年还要举办 WE DAY，让那些公益的明星、大咖与渴望参与公益活动的青年们互动，向青年们启迪公益人生，而每次这样的活动总会吸引成千上万的青年人，他们无论是源于“富二代”“官二代”，还是普通的邻家小孩，都能从中懂得公益对他们一生的意义。

在教科文，这样的活动也叫“世界公民教育”活动，它最早是韩国提出来的,并由韩国政府出资支持。

这个项目的核心是要世界各国的年轻一代学会“如何相处”(living together)和学会宽容、理解和相互尊重。

在我加盟教科文前一年,我所在的战略规划署还与德国奔驰汽车合作,搞了一个 Mondialogo 的国际青年交流活动,内容也是让各国青年在一起学会在多元文化背景下的和平相处。

现在国内各中学各种“模联”比赛接踵而来,无疑,这对青年学生增加国际地理和地缘政治知识,提升国际主义意识是很有帮助的,但如果这样的比赛侧重的是知识面和技能竞赛,而偏废对“世界公民”意识的培养,或将这样的“模联”比赛引入功利主义,为拿名次、进美国常春藤学校打造金色履历,事情就变得很可笑了。

无论是教科文的“世界公民”教育项目,还是国内一浪高过一浪的“模联”比赛,其最终目标是要在成员国青年中“爱祖国”与“爱人类”之间的教育划上等号,让他们成为这个世界的共同主人,祖国只是其民族特征和文化基因属性,人类才是他们共同的精神和价值家园。

我由此想到先哲康德、马克思、爱因斯坦,他们为什么如此热衷将自己喻作“世界公民”? 这样的比喻对这些大人物意味着什么?

我又想到了柯伯格及世界上越来越多像柯伯格那样的青年们,他们愿意到战乱和自然条件恶劣的那些国家做志愿者,为当地的教育、扶贫、疾病治疗作出他们菲薄的贡献,去践行一个国际主义者、世界公民的义务。

我想起了哈尼和吴晶两个可爱的女孩,一个以足球,一个以长笛，游走天下，向世界人民传播友谊，在不同文化背景下的青年朋友间推动文化对话，宣传对话、宽容、尊重与和谐相处的地球村理念。

我自然能够想像出她们每天可能遇到的各种困难，但我更能想像出的是，她们的高昂热情及爽朗的笑声里那种认定了就一往无前的执著精神。

当然，此刻我更要想到的是那些打造联合国教科文组织和平大厦的知识分子们，当年，他们聚集在刚刚战火停熄的伦敦，个个心急如焚，因为他们知道，爱祖国与爱人类必须是一致的，否则，第三次世界大战在他们这代人的时间内不可避免会再次出现。

为什么工业化、科技进步，甚至爱国主义都没有阻挡二战的爆发？

为什么希特勒、墨索里尼、东条英机能够轻而易举地操控战争机器，把自己国家成千上万的优秀儿女送上战场，为他们的法西斯战争献出宝贵的生命？

在美国诗人、国会图书馆馆长麦克利什，法国社会党领导人列昂·布鲁姆、英国教育大臣艾伦·威金逊（Ellen Wilkinson）及中国大学问家胡适看来，只有“人类智力上和道义上的团结”才能真正阻止战争，而非那种狭隘的“爱国主义”教育，因为，狭隘的“爱国主义”教育可以被希特勒、墨索里尼、东条英机等邪恶的政治家利用，并在“爱国主义”的幌子下蛊惑人心，欺骗和愚弄人民，将他们自己国家的整整一代青年和整个人类推向灾难，甚至毁灭。

这就是为什么 70 多年来，“加强人类的智力和道义上的团结”成为教科文组织一切工作的行动指南。

第三节
“爱祖国、爱人类”与中国海外公益行动

一、凯塔总统是少林寺武僧的“铁粉”

2014年11月8日下午4时许，马里总统凯塔(Ibrahim Boubacar Keita)放下手中所有的公务，来到刚刚落成，由中国政府援建的马里国家体育馆，他要亲自迎接来自遥远中国嵩山少林寺的“联合国教科文组织和平文化非洲宣讲团”。

他不仅自己这么做，还要求内阁所有的部长，包括总理在内的政府领导人必须携夫人一起迎接这个完全由少林寺的弟子和两名非洲黑人弟子所组成的少林寺和平文化非洲宣讲团。

对于总统凯塔来说，少林寺武僧给马里青年送来和平理念，这是让他最为开心的。

两年多前，也就是2012年3月22日，马里部分军人发动政变，政府被推翻，国家陷入动荡不安，北方图阿雷格族分裂武装分子也乘机起兵，成立所谓的“阿扎瓦德独立国”。“伊斯兰马格里布基地组织”等一些恐怖和极端势力甚至借机在马里北方扩充势力，并控制了北方三大区，马里百姓生灵涂炭。

应马里过渡政府要求，法国和一些非洲国家出兵协助马政府军平叛。联合国安理会还通过2085号决议，决定向马派遣一支6 000人为期一年的“非洲领导的驻马里国际支持特派团(AFISMA)”。

2013 年 8 月,马里过渡政府解散,全国大选,凯塔当选总统,6 个月后,少林寺武僧和平文化团来到马里。凯塔等待少林寺武僧的,不仅是他们高超的武艺,更是来自远方伟大的中国人民的和平思想和文化。

来自马里社会各界的青年,各类武术协会、武术爱好者的共 2 000 多名群众,像过节一样喜笑颜开。

的确,这也是马里内乱以来第一次在首都出现的群众性节日,年轻人们终于盼来了世界闻名的少林寺武僧——他们心目中的英雄,怎么能不高兴?

当少林武僧们一出场,2 000 多名群众就给予热烈掌声。

随后,少林武僧们的每一个精彩表演,都会让全场的气氛达到爆裂,掌声、叫好声、口哨声和尖叫声淹没了整个会场。

延岺法师的少林小炮拳、达摩杖、七星拳,延惪法师的少林双钩、蛇拳,非洲少林弟子延迪的双锤、地龙拳,非洲少林弟

2014 年 11 月 8 日,少林寺武僧在巴马科体育馆展示少林寺武艺

子延科的通臂拳，让马里青年们看得瞠目结舌。

然而，让凯塔总统更为感动的是，这些彪悍的少林武僧，一身绝技，技压群雄，但与舞台上威风凛凛的形象相比，他们在生活中又是如此低调、谦虚和简朴。

他们穿的是最廉价的袈裟，吃的是米饭咸菜，如果没有信念，没有强大的内心，他们是不可能有如此严格的自律精神的，而这种灵与肉的和谐，强大与卑微的统一体现的正是中国文化和少林寺禅修文化里最深刻的东西，那就是淡定、低调、谦虚、自律和尊重，而这些理念正是处在和平和解、国家重建的马里最需要的，是广大马里青年最需要的精神食粮。

凯塔总统情不自禁地走上演练场，与这些心目中的少林英雄一一握手，非常激动地说，马里期盼了很久的事情，今天终于实现了。

我们期盼已久的少林武僧终于来到马里，而且能在马里呆这么长时间，向广大民众宣扬和平理念，传授少林功夫，这是多好的事啊！

他说，少林文化中的和平思想，适用于任何国家，任何文化背景下的人民。感谢中国少林和平文化代表团来到马里宣讲和平，看到马里那么多的青少年来到体育场，说明少林寺的魅力有多大，说明和平的意义有多大。

他感谢中国政府和教科文组织把这样精彩的文化交流活动带到马里，把和平理念带到马里。

凯塔说着说着，还希望马里青年向少林寺武僧学习，应当强身健体、积极奋进，为马里的和谐稳定与发展奉献各自的一份力量。

讲到兴奋之处，他还现场做出了三个冲拳的动作，引来现

2014 年 11 月 8 日，文僧延宗法师向马里总统凯塔赠送少林寺经书

场无数的叫好声……

少林寺表演结束后，凯塔又在接受 CCTV 的采访中再次感谢中国兄弟送来和平祝福，希望通过少林武术，向马里年轻人和当地的人民开示并传播和平、宽容、仁爱、自律、自制的价值观。

我作为这次活动的推手，觉得少林武僧团访问马里确实有许多值得回味与总结之处。

首先是活动的立意及其背景。

联合国教科文组织的宗旨是“在人之思想上建立保卫和平之屏障”，“和平文化”项目是其整个国际人文项目的重中之重，但“和平文化”具体指的是什么?

如何又让战乱国家及其战乱后那些处在国家重建与和解过程中的国家的青年们发挥和平作用?

显然，答案是不甚清晰的。

马里是教科文的成员国，在教科文事务中发挥着重要作用。马里的和平问题解决了，对马里和整个非洲都有借鉴作用。

就在少林武僧团访问马里前的一年半，也就是 2013 年 2 月初，当时凯塔还没有当选总统，教科文组织总干事博科娃陪同法国总统奥朗德专门访问马里，旨在强调教科文组织对马里文化遗产保护的国际责任。

马里拥有通布图(廷巴克图)古城、杰内古城、多贡遗迹和加奥阿斯基亚王陵等 4 项世界文化和历史遗产，这些在战乱中面临着伊斯兰激进组织的占领与破坏。

保护马里文化遗产，让战后的马里尽快走向和平和解道路，是国际社会的愿望，更是教科文和平使命的职责，这就是少林武僧团访马的历史背景。

于是，我们想到河南嵩山少林寺，想到少林功夫在非洲，特别是在马里青年心目中的美名。

我隐约感觉到，对那些经历过战乱的青年们，特别是那些曾经“拿过枪、过过江”的战士们，他们内心的暴力之火是很难马上就熄灭的，任何教科文的理念、白皮书都无济于事，而对这种暴力能够说“不”的最好办法，就是江湖上所说的“一暴压一暴”，让这些青年人在少林功夫面前受到震慑，又同时在少林武僧谦卑、自律、尊重、宽容、慈悲和淡定简朴的生活面前感动。

于是，我有了请中国世界和平基金会李若弘先生提供资金，再请少林寺方丈释永信选派最好的少林武僧去马里的念头。

考虑到这是代表联合国教科文组织赴非洲宣讲“和平文化”，我特意还请释永信方丈派遣寺里最好的文僧、在中国佛教学院饱读经书七载的大学士延宗法师随团。

此外，为体现非洲团结和中非友谊，又碰巧少林寺还有一个非洲班，我决定再邀请两位马里邻国科特迪瓦的少林弟子随团，他们欣喜若狂地接受了任务。

在这个想像的黄金组合中，中国世界和平基金会的位置是教科文的“和平文化”战略合作伙伴，其创始人李若弘主席是我在上海世博会任职时的好朋友，他多年来一直推动中国与世界的民间外交，特别是其“和平＋一”项目，得到了国际社会的广泛好评。

这里的“和平＋一”项目自然“＋”的就是少林寺的中华武功。

我和释永信方丈相识源于其对教科文组织和平文化的认同，及其他渴望让少林寺参与到教科文的国际人文事业交流中的愿望。

因此，当这三种意愿形成合力时，资源对接就水到渠成了。

当然，这个项目之所以成功，最大的原因是马里青年对少林武术的热爱，甚至痴迷。他们人人期待能亲眼看到少林寺武术表演，有可能的话跟着少林寺武僧们好好学一招……

二、“爱祖国、爱人类”与中国对外援助的 2.0 版

利用少林寺武僧团从非洲取道巴黎回国之机，我安排他们参观教科文组织，与我的那些教科文非洲事务部、社会科学事务部等部门同事座谈马里“和平文化”之行的收获与体会，并拜会战略事务助理总干事汉斯和非洲事务助理总干事拉拉(Lalla Aïcha Ben Barka)。

拉拉听完我的介绍，并看了央视长达 7 分钟多的专题报

道后，对我语重心长地说，这个少林寺团太好了，这是她等待多年的好项目。

她说，其实，非洲青年与亚洲甚至欧美青年都没有太大的区别，他们向往体面工作，要有美好生活，要开好汽车，住大房子，但这一切的前提必须要有和平，而和平就需要有一种新的和平文化。

她说，值得庆幸的是，这种她所说的新的和平文化在少林武僧的身上得到充分体现。

这些年轻的少林武僧个个武艺高强，以一当十，但他们生活如此简朴，一身布衣，一日三餐吃的仅仅是米饭咸菜，连一点荤菜都没有。

因此，他们真正的强大不是在武艺上，而是在内心，是那种自律、克己、淡定精神和那种暴力与和平在人的内心深处和谐相处的超人力量。

正是少林武僧所呈现的中国和平文化，让那些心中还有一丝暴力倾向的马里青年们，在面对少林寺武僧彪悍和谦卑精神时最终彻底土崩瓦解。

她对我充满激情地说，武僧团好就好在将不太易懂的“教科文和平文化”用极其通俗的方式给解读了，这样的公益项目有新意，接地气，希望代表团明年再来马里。

无巧不成书的是，拉拉本人就来自马里，凯塔总统还是她的亲妹夫，少林寺代表团在马里的情况她心知肚明。

这个世界可真小！

少林寺武僧团让我想起传统的中非友谊及其在新的历史条件下的新的发展，我们姑且暂时将之称为 2.0 版。

我想，这个 2.0 版应该是传统中非合作的升级版，是从原来的合作或援助从投资基础设施等转向对人的投资。

这种投资就是面对面的交流，是“爱祖国、爱人类”的中国海外公益行动，是中国人民与非洲人民之间“智力与道德”的团结。

我清楚地记得，刚刚到教科文组织任职不久，加蓬同事 Alain Contonou、刚果同事 Edmond Moukala 对我非常真诚地说，由于部分中国企业在非洲的野蛮式开采和运营，中国的国家形象在某些非洲国家公众中已存在着严重的公关危机问题，中国要密切注意在非的经济合作方式所可能产生的国家形象问题，也要注意到在全球化背景下，如何深化中非合作，特别是与非洲人民之间的合作。

两位非洲同事的话勾起我对上海世博会“非洲馆”的美好回忆。

曾记得，当年上海世博局出全资为非洲国家精心打造“非洲联合馆”，让非洲兄弟非常体面地参与上海世博会这一历史上最大的世博盛会，出席上海世博会的非洲元首、政府首脑乃至普通的在华非洲留学生们，对此赞不绝口。

有法语世界 CNN 之称的法国 TV 5 曾采访我，为何要在上海世博会搞一个非洲馆？

我非常自豪地说，这是中国政府和人民的道义责任！

中国虽然近年来发展了，但在中国人的血液里和灵魂深处，我们不能忘记 20 世纪，抑或整个人类近代史赋予中华民族的“第三世界”基因、国家阶层和国家集团属性。无论今后中国发展得多快，中国属于第三世界和中国对非洲人民的深情厚谊是不变的。

然而，类似世博会的中非人民“心与心”的交流机会毕竟太少了，我们需要寻找到一种常态机制，让中国公益海外行动更加普及深入中非双方人民的心中。

其实，这种中国公益活动的海外行动已经是水到渠成了。

试想，当你的出口已占非洲大陆进口总量的四分之一，当非洲大陆的建筑服务的四成由中国公司提供时，中国与非洲国家的人与人交往是否要进入一个新的阶段？

中国对非援助的方式是否也要升级换代？

如今，中国国企和民企、旅游者，甚至大量移民不断涌入，中非交流出现了历史上的新高潮和新的历史机遇。

诚然，无论从中国经济发展还是世界和平的角度看，非洲不仅是世界资源最丰富且尚未开采的大陆，有着中国经济巨龙腾飞所需要的各种原材料资源，而且是中国经济从“世界第二强”冲击“世界第一强”所需要的各种战略资源的蓄水池。

另一方面，非洲12亿人口，与中国人口旗鼓相当，但在目前的经济全球化中受益最少，贫困、疾病、温饱，甚至战乱和战争，依然困扰着非洲大陆的发展，更不要说经济起飞。

联合国人口基金会甚至还警告，非洲在没有解决贫困问题的前提下存在着人口爆炸的危险，2050年其人口将是全世界人口的四分之一，2100年将达到42亿。

因此，无论从中非友谊还是世界和平看，非洲的问题关乎整个世界的未来，同样也将影响到中国的经济发展与和平崛起战略。

中国对非合作必须从政治、经济、文化与世界和平的角度来全面审视。

如果我们仅仅将经济合作作为重点，或将中国的经济模式复制到非洲而没有对人与人的交往给予足够重视的话，就会出现 Alain、Edmond 告诫我的那些情况，甚至出现 BBC 等西方媒体眼中的所谓“中国新殖民主义”。

抑或出现一位埃塞俄比亚的省长说的那种情况，中国人好像“人肉机器”，工作精神极强，整天就是想工作，这是中国很快富裕起来的主因，埃塞俄比亚人穷，缺乏这种精神，但这是埃塞俄比亚人的文化。

这位省长的话也让我想起上个世纪 90 年代我在中国常驻欧共体代表团工作时，一位欧共体官员喝咖啡时对我说的一番话。

他说，欧洲人对非援助往往一厢情愿，以为给了钱，给了援助，非洲人必然高兴和感恩，错！如果你的援助方式与当地人的文化不一致，他们是不领情的。

换言之，如果我继续演绎一下这位朋友的话，那就是有些事你不需要花钱，非洲人照样感恩。

我又想起少林武僧团访问马里的故事。

当武僧团先期访问科特迪瓦获得圆满成功，就要登机飞往马里巴马科的时候，马里电视台播放了马里当天发现的首位“埃博拉”病毒携带者，形势骤然紧张起来，各种电话全集中到我这里，一时间去不去马里成为了一个问题。

对我而言，作出决定，让他们去，就要对少林武僧团的生命安全负责。让他们不去，我要对中非友谊和教科文组织在非洲的和平形象负责。

尽管，作出不去的决定最保险，我也不缺法律依据、教科文的条规保护，甚至还可以说得极冠冕堂皇，但我会从情感上觉得少了点荣誉感，多了不少内疚和遗憾。

我想到这个国家刚刚进入战乱后的重建，青年们眼巴巴地盼望着他们心目中的少林英雄到来,突然宣布不来了,这是多么的扫兴啊!

这对支持本次活动的马里总统本人是多么的扫兴!

我想得更多的是中非友谊、中马友谊,中国人常讲"患难见真情"。

想当年,中国出现"非典"时,不是也有很多朋友坚持来中国出席各种国际会议吗?

这对当时孤立无援的中国人民是多大的支持啊!

我们今天来马里是代表教科文组织给马里青年送中国的和平文化,旗帜举得很高,口号喊得很响,如果在这样的关键时刻,我们撤了,这不是对中国和平形象的负面广告吗?

与其这样,还不如不派遣少林武僧团来送什么和平与大爱!

我把自己内心深处的想法与少林武僧访非团团长、中国世界和平基金会国际部长肖克俭大姐进行了沟通,切实了解武僧团的实际情况,毕竟这些武僧还是孩子,最小的才 19 岁,还有两位是科特迪瓦的同学。

与此同时,我与教科文驻马里的代表拉扎尔(Lazare Eloundou Assomo)保持实时联系,我让他告诉我实情,有没有可能让武僧们按照计划继续前往?

拉扎尔对我的想法非常认同,认为我们来到马里是一种使命,是给战乱重建的马里青年送和平、送希望、送明天而来的,如果在此节骨眼上我们掉了链子,对急切期待少林武僧到访的马里青年实在是太不好了!

于是,我把我与拉扎尔商量的意见与永信方丈和中国世界和平基金会李若弘主席分别作了沟通,没想到他们两位与我的想法高度一致，只要是可控的风险，这个险值得“冒”。

但他们还是忍不住问我，教科文领导什么态度？

我说，我们三个人的态度就是教科文的态度。

如果现在让我请示，十有八九是走程序，然后走到最后一定会取消。这是机关的定式，谁也不会为你去承担不必要的责任。或者，出现奇迹，在漫长的程序走完后，突然在最后一刻同意了，但你此时已无任何准备可言。

我说，我们之间的共识至关重要，前方教科文办事处主任拉扎尔的意见很重要。

但为了谨慎起见，我建议征求一下中国驻马里使馆意见，毕竟使馆是国家的派出机构，是我们中国人的家，而且在整个武僧团访问马里的过程中，使馆忙前忙后，发挥着中坚作用。

使馆秘书高贤德先生在微信里告诉我，我们的想法也是使馆的想法，在马里出现困难的时刻，只要是可控的风险，使馆还是建议武僧团按期访马。

也就是说，在这个关键时刻，使馆与我们站在一起。

于是，我们通过教科文驻马里办事处与马里政府青体部、卫生部联系，在向他们表达武僧团将按计划访马的同时也希望马方采取必要的防范措施，保护武僧团的安全。

于是，我们看到这么一天，巴马科万人空巷，由中国政府援建的首都体育馆坐满了观众，人们像过节一样喜气洋洋，“满朝文武”，包括所有的部长都携夫人出席，加上总理夫妇、总统夫妇，气氛热闹非凡……

我想，由于我们的一个“冒险”决定，给马里人民带来了欢乐，而不是失望。

我们保护了一个节日，建了一座桥，而非一堵墙，促进了中马友谊和中马人民的心灵交流。

我甚至觉得，与那气势恢宏的体育场相比，我们做的也是一种援助，它虽然没有体育场那样看得见摸得着，动辄需要数千万、数亿美元的投资，但这种援助花钱不多，却让马里人民喜笑颜开，由衷感谢你，是一种软实力的召唤。

我觉得，这就是我们所要思考的中非援助 2.0 版。

在这个新型的公益合作模式中，还包括了中国民间和平公益组织、享誉世界的中国河南少林寺和联合国教科文组织之间所展开的新的国际公益合作形式。

我们在马里的活动，从构思开始就得到中国驻马里大使曹仲明的支持，是他高屋建瓴的思想和热情的政治支持，使这一新形势下“爱祖国、爱人类”的中国海外公益行动成为可能。

遗憾的是，代表团抵达前一周，曹大使被外交部召回国出任外交部干部司司长，没有能看到由他亲自支持的少林和平团是如何得到总统和马里青年欢迎的。

三、让我们架构起民心相通的桥梁

2017 年 5 月 14 日至 16 日，北京举行了世人瞩目的“一带一路”国际合作高峰论坛，论坛上，“民心相通”四个字，比任何“一带一路”经济项目和投资金额更引起与会国领导和国际媒体的广泛关注。

换言之，与四年前国际社会所认识到的“一带一路”方案相比，加强成员国人民之间的文化交流已成为一种与经济合作同等重要的共识。

就在论坛刚刚闭幕后的两周，联合国教科文组织就在北京举办了“一带一路文化互动地图”高级别专家会议。

作为本次会议的主要策划者之一，我又多了个机会就“一带一路”沿线国家文化对话的话题与国际专家交流看法。

英国剑桥大学研究员、联合国教科文组织丝绸之路项目报告人 Shirin Akiner 女士对我说，“一带一路文化互动地图”项目非常好，对这些国家的人民之间建立一种文化纽带，相互了解，民心相通很有帮助。

她对我说，由于中国的经济太强大，政治体制与众不同，文化特殊，无论是对英国在内的西方公众，还是“一带一路”沿线国家的公众都有一个认识和接受的过程，而经济先行的做法是很难完成这样的目标的。

她还告诉我，她与其丈夫曾有一次无意中驾车来到巴黎北部约 200 公里的索姆省，不期而遇发现了一大片华工公墓。

看着一望无际的华工墓，想到这些默默地客死异乡的亡灵，她和她的丈夫非常感慨，认为世界把这段历史忘记了，太不公平！

碰巧我曾在使馆时专门去祭扫过这片墓地，对这段历史自然我也就比较了解，一共是 14 万华工，为了一天 1 个法郎，远涉重洋，历尽艰辛，他们当中有 2 万人甚至献出了宝贵的生命。

我们的话题自然就从这些来自当时中国山东、直隶、热河的农民身上看到的其性格中的憨厚、胆小，以及为了生存所体现出来的伟大的吃苦耐劳，甚至牺牲精神。

她对我说，如果中国政府能将这些华工的故事讲好了，世界公众就会增进对中国和平崛起在文化和民族精神上的理解。

她还对我说，如果这种中国人的和平人文基础和理念，再通过丝绸、茶叶、陶瓷、烹饪艺术、绘画、舞蹈、音乐等文化互动项目加强与世界的交流，中国的和平崛起就不是抽象的，就会得到世界各国人民的认可以及支持。

回到伦敦后，她对我们的交谈颇有言犹未尽的感觉，专门又给我发了邮件，告诉我一定要策划好“一带一路文化互动地图”，必要时可以考虑在伦敦维多利亚和阿尔伯特博物馆与北京历史博物馆之间举行丝绸与陶瓷的联展，让世界了解中国对世界文化交流的贡献。

至于凡尔赛宫嘛，她在邮件里特别诡秘地写到，应该举办一个中国人主导的大型“和平盛会”，将 2019 年“巴黎和会”所引发的轰轰烈烈的“五四运动”百年纪念，举办成一个中国人对世界和平、正义、进步的祈求与守护的活动。

她写这些话是因为我向她提起中国已处在一个新的百年的起点，无论是 2019 年的“五四运动”百周年，还是 2021 年中国共产党建党 100 周年，中国已进入新的轮回。

她对我的话非常在意，我仿佛看到她在伦敦的家中给我写邮件时的那种激动，这种激动显然不是对历史的简单轮回，而是对历史超越的一种期许。

Shirin Akiner 的话让我对我们所做的“一带一路文化互动地图”项目的战略意义又有了新的认识，特别是将其放到中国与这些国家民心相通和中国在新的百年端口，这里其实又涉及世界如何看中国和中国如何看世界的问题。

想当初加拿大学者麦克卢汉在 1962 年提出“地球村”概念时，没有多少人对他的预测抱有兴趣，更没有人会想到今天世界真的会被经济全球化绑在一起，而这种相互依存性显然在今天已超越经济范畴,进入政治、军事、安全、环境、社会、文化和意识形态领域。

在这样的背景下,中国的一些国际关系学者也在考虑国际关系的基础是否就是完全的经济或与经济相关的利益问题,如清华大学教授阎学通等人就明确表示反对国际关系中"一切向钱看",认为国与国的关系在很多场合并不是钱总能搞定的,总有一些因素会超越经济力量。

我非常同意阎学通等人的观点,我想在这样的因素中肯定有民心相通,这不是靠钱就能搞定的。

换言之,一个国家经济上的强大,并不必然意味着民心相通的强大,甚至可能是相反,如,历史上的日本在二战后的经济起飞,由于其远离国际事务,羞于向为国际社会慷慨地提供一些必要的公共产品而被当时世界舆论称之为"经济动物"。

诚然,中国的和平崛起已彻底改变了世界的版图,但如果这种改变仅仅停留在经济上,而非情感上的话,这样的崛起就会让世界感到无所适从,看到的仅仅是世界各地随处可见的中国商品,充其量也只是一条"经济巨龙",而非一种文化、历史和情怀的宣泄和描述。

正因如此,我想少林寺的武僧访问马里的意义已超出了一场传统的中华武术表演,而是架起了一座中国人民与马里人民民心相通的桥梁。

同样,我们与 Shirin Akiner 教授一起做的教科文"一带一路文化互动地图"项目,又会架起一座座新的民心相通的桥梁。

相形之下,我觉得民心相通对亚洲国家尤其重要。

举例来说，在欧洲，无论是各个成员国官方与民间机构创造的各种泛欧艺术节，还是以欧盟名义举办的欧洲文化之都(European Capital of Culture)、欧洲歌曲大赛(Eurovision)等活动，体现出欧洲各国人民之间的民心相通已经制度化。

然而，包括亚洲在内的“一带一路”国家间缺乏类似的文化交往平台和文化节庆活动，缺乏民心相通的桥梁，甚至出现国民与国民之间的猜疑和严重的不信任感，而这种桥梁建设一定要先于经济意义上的互联互通，否则，经济合作将会因为缺乏人文基础根本搞不起来或功亏一篑。

我觉得，有关部门如能够通过调动国际智慧与资源，打造一个“一带一路”国家之间的文化交流项目，而非集中在那种司空见惯、国与国之间的经济与产能合作论坛等活动上，如举办“一带一路”国家的“青少年足球比赛”“青年电影节”或“青年文化、体育、和平狂欢节”，肯定会比前者在“一带一路”国家人民，特别是青年人中产生更大的共鸣，会激发他们对“一带一路”倡议的更大关注和认同。

如同人与人的交往，国际交往中感情融通很重要。如果说经济合作是“硬项目”的话，民心相通的“软项目”同样重要。要看到，正是这些“软项目”“虚项目”才使“一带一路”上的人民心贴得更近。

而一旦民心相通了，人民在一起相互见面、交流与对话，经济合作自然而然就得以开展。有了文化和思想交流，加上经济合作，“一带一路”国家人民之间建立命运和利益共同体就水到渠成了。

在巴黎工作，这样的憧憬同样具有严肃的现实基础，从不同领域和不同国家的朋友们与我的交谈中，我看到这种潜藏在人与人的真诚后面的发展潜力和广阔的前景。

曾记否?

无论是国际奥运会,还是世界杯足球比赛、国际展览活动,每个活动的缘起或重大发展都是因为几个特别有情怀人物的“异想天开”?(碰巧这三项活动均与矫情的法国人有关,现代奥运会的创始人是法国人顾拜旦,世界杯足球赛则由法国人雷米创办,而世博会的举办,自拿破仑三世从英国人手中接手,便奠定了其文化与技术进步相结合的现代国际展览运动的发展方向)

然而,正是这种“异想天开”开启了人类在相关领域的民心沟通工作,而这样的工作又何尝不是我们国家在当下对外国际交流和国家形象提升中尤为紧迫的,而这种紧迫意味着我们要以项目化而非口号与概念化的方式来真正演绎和呈现出迈向“人类命运共同体”的具体途径。

如果这样的“一带一路”民心相通项目实现了,中国在“一带一路”国家人民心目中的美誉度和感召力,及中国在这些地区和世界其他地区的国际形象就会出现新的甚至是质的飞跃。

有鉴于此,一位非常资深的法国政治家对我说,他非常看好民心相通在中国“一带一路”倡议中的重要作用,因为这种民心相通已远远超出经济范畴,而是全球化条件下世界各国人民面对共同挑战,实现全球共治的一种中国解决方案。

这个方案也是习近平总书记最初在 2017 年初瑞士达沃斯世界经济论坛上提出的人类利益共同体、责任共同体、命运共同体的解决方案,并在后来的十九大报告中得到更加全面和系统的论述。

说白了,也就是说在和平与发展为主旋律的全球化世界中,作为国力蒸蒸日上、GDP稳居世界第二并人口占世界五分之一的中国,将如何为今天充满困难与危机的世界各国政府与人民提供中国的观点和解决方案。

由此,一个“爱祖国、爱人类”的中国对外援助2.0版已显端倪。

自然,在某种意义上,这也是对柯伯格之问的最好解答。

第四章 南京青年奥林匹克运动会精神遗产与中国的“和平文化”

第一节 南京青年奥林匹克运动会精神遗产

如果不是在教科文组织工作，我可以肯定地说，我与南京不会有如此多的交往，而本人对南京的印象也只能停留在幼年时奶奶的一口南京六合话，及过年时爷爷要专门为全家露一下他拿手的南京“十样菜”。

作为上海人，讲这样的话未免让人感到惭愧，一个曾经的中国十朝都会、六朝古都，离上海咫尺之遥，也就是说，坐高铁也就是一小时光景，居然在本人的旅行日志里没有被排上“议事日程”！

在教科文工作后，我马上想到教科文与南京有着似曾相识的命运，而这种源于双方的历史和历史所赋予的和平基因和使命使我们的合作成为必然。

于是，通过南京对外友好交流协会秘书长于京会，我有幸结识中共南京市委常委、宣传部长徐宁女士，并在她的帮助下,用我自己的方法去解读这个城市的特殊历史,并尝试将这种特殊的历史打造成中国在世界的一张“和平文化”的名片。

自然,解读这个城市的特殊历史,就不得不提到震惊中外的“南京大屠杀”——留在中国人心中永远的痛!

当我第一次在宣传部叶军处长陪同下参观“南京大屠杀博物馆”时,我被日本法西斯暴行的各种细节震惊不已,那种由于惊悚、恐惧、愤怒和全身的血液急速向脑门调动所导致的胸闷和压抑,让我感到阵阵恶心,并不由自主地从内心深处冒出那种随时想咒骂的感觉。

我也隐约明白了,为什么张纯如在写完她的《南京大屠杀》(The Rape of Nanking)后得了精神抑郁,最终选择自杀。

因为你眼前看到的一切,会让你对日本法西斯的暴行怒发冲冠,也会让你全身毛骨悚然,让你的头皮发麻、四肢冰凉,对“人之初,性本善”的定义产生根本性的怀疑,甚至对人类与动物区别的所有定论产生怀疑!

馆长朱成山告诉我,他天天就生活在这种悲痛和愤怒之中,但与此同时,要让人类不再生活在这种悲痛和愤怒之中的最好办法就是牢记历史,守住和平。

他一方面向中国公众及包括日本青年在内的国际公众讲解“南京大屠杀”的真相,另一方面积极筹备以“南京大屠杀纪念馆”为基地的亚洲和平学研究,联系日本、韩国等国的“和平学”学者,形成一个亚洲防止战争的和平统一战线。

“Forgivable, but not forgettable”(可以原谅,但不能遗忘),这是当年直接保护600多位南京难民,通过设立南京安全区国际委员会,在4平方千米安全区内间接拯救超过25万中国人生命，有“东方辛德勒”之称的拉贝先生(John Rab)生前说过的一句话。

可以原谅(forgivable)，但不能遗忘(but unforgettable)，不被仇恨所涂抹，不因仇恨而麻木，朱成山所做的，正是在践行南京人民的恩人拉贝的遗训。

是的，为了忘却的纪念，让中国和日本的青年一代，让所有亚洲和世界的青年人，了解南京大屠杀真相，谴责法西斯暴行，防止战争和仇恨在我们这一代人再现，这不就是教科文组织和南京人民所要从事的伟大事业吗！

2014 年第二届青年夏季奥林匹克运动会(II Summer Youth Olympic Games)，简称“南京青奥会”，天时、地利、人和，使我预感到推动教科文与南京在世界和平事务上的合作完全成为可能。

2014 年 8 月 16 日至 28 日在中国南京举行的这届“青奥会”，不仅是中国继 2008 年北京奥运会后第二次举办的奥运会，也是首次在中国举办的青年奥林匹克运动会，来自 201 个国家和地区的 3 700 余名青年运动员参加本届青奥会。

要知道，与传统奥运会不同的是，青奥会的重点是通过体育竞技来培养青年人的奥林匹克价值，其重点并不在竞技，而在对年轻运动员“体育精神”的提升，从而通过体育促进不同文明之间对话，在世界青年之间搭建沟通和友谊的桥梁，以维护世界和平。

正是基于这种特质，南京青奥会组委会还特意安排了 20 项文化教育活动，让这些来自世界五大洲的青年通过这些别开生面的文化项目进行相互交流。

简言之，南京青奥会的宗旨是以青年为主体，通过体育和文化来实现文化对话，维护世界和平的崇高目标，而青年、文化、和平正是教科文组织国际使命包含的内容，双方无论在内容和目标上的合作是必然的，而没有进行这样的合作尝试，只能是源于信息不对称，或者苛刻地说，是双方职能部门缺乏想象力！

需要补充的是，由于教科文组织是《反对在体育运动中使用兴奋剂国际公约》的制定者，通过这一公约，教科文不仅是联合国系统内有关体育与运动的牵头机构，更是世界上唯一的一个有关体育事务的政府间合作国际组织[①]。

如果我们再稍稍展开一下，教科文组织由于其两年一度的青年论坛（Youth Forum，也称之为“青年领袖峰会”，其法律地位与成员国全体大会一样，所作出的决定对教科文秘书处具有法律约束力）、作为6个国际文化公约的牵头缔造机构和明确将“在人之思想中筑起保卫和平之屏障”列为本组织的宗旨，使其不折不扣地成为当今世界在青年、文化、和平领域最重要的国际组织。

我敏感地意识到，南京如果需要打造其新的国际影响力，必需深度挖掘青奥会有关青年、文化、体育与和平的素材，而联合国教科文组织若要在上述领域发挥国际领导作用，也同样需要充分利用好南京青奥会的平台，首先就是在中国8亿青年中彰显教科文组织的力量和国际责任，然后通过3 700多名青奥选手和强大的青奥会国际传播媒体，将这种影响力、美

① 国际奥委会（IOC）、世界足联（FIFA）、田联（IAAF）等体育组织均是由个人参加的国际非政府间体育组织，它们的运作与各国政府没有直接关联。

誉度向亚洲和世界青年进行传播。

此外,本人长达 10 年的参与申办、筹备和运营上海世博会经验本能地提醒我,如同当年上海世博会需要呼唤其精神遗产一样,南京必须在青奥会期间就要为青年、文化、体育、和平等这些难得的城市精神遗产留下伏笔,否则,那些为青奥会精心打造的各种体育设施就会像今日上海世博会一些场馆那样,因缺乏必要精神遗产而失去内容上的魅力,最终远离公众生活,成为弃之可惜、嚼之乏味的建筑鸡肋。

然而,在我的职业生涯中,虽然我总是会因自己这样那样的突发奇想感到兴奋,甚至坐卧不安,但经验同时告诉我,要把这样的想法付诸实践,特别是在一个超国家的政府间合作组织与成员国的一个城市之间建立合作,没有缜密的顶层设计是万万不行的。

换言之,任何大而化之的口号式合作,或对任何一方利益考虑不周均会让我付出代价,会使这种历史机遇稍纵即逝,使此金点子灰飞烟灭。

在得到徐宁部长的支持后,我通过她向南京市领导报告,提出通过与联合国教科文组织在南京青奥会期间联合举办世界青年论坛的方式,启动南京与教科文在青年、文化、体育、和平事务方面的全面合作,并据此为南京青奥会打造精神遗产,即在后青奥会,每两年举办一届“南京世界青年文化、体育和平节”(Nanjing International Biannial Youth Festival)。

南京市领导在会见我时,对我的想法给予积极支持,并表示这是南京人民热切期待的,如能在教科文组织的支持下,办成一届永不落幕的青奥会,岂不是件大好事!

我随即与身边若干位南京青奥会的青年志愿者私下作了

沟通，不用说，这样的精神遗产自然是他们的最爱。

回到巴黎，我马上向战略事务助理总干事汉斯报告并与分管青年与体育事务的社科部同事 Muffida 和 Alexander 进行长时间面谈，并在他们的召集下，在社科部青体处召开工作会议，详细介绍南京青奥会及南京城市对教科文和平使命的意义。

我告诉同事们南京作为六朝古都辉煌的历史和二战时期悲惨的命运，特别是我在南京大屠杀纪念馆的所闻所见，强调今天的亚洲，冲突和战争的阴影依然存在，而南京的文章做好了，对提升教科文组织在中国 8 亿青年和亚洲青年中的国际和平组织形象大有裨益。

我说，南京有 800 万人口，青年学生占 10%，是中国大学生比例最高的城市。因此，将南京形容为中国的“青年之城”“大学之城”也一点不为过。

同事们对我的介绍非常有兴趣，但对能否与南京建立项目合作并形成合作共赢的局面并没有多大把握，但热情奔放的 Muffida 还是答应我给我提供一个教科文式的内部工作概念文件，以便内部走流程用。

我马上利用这个机会，约她喝咖啡，把我的想法一一道来。

她像看陌生人似地双目紧盯着我，突然向我大声叫了起来：“波，这是我教科文工作 20 多年来一直想要的好项目，谢谢你给我们提供这么好的机会！”

于是，在 Muffida 的帮助下，我们共同撰写的“联合国教科文组织＋南京青奥会组委会世界青年、体育、文化、和平论坛”文案在教科文内部立了项，并得到总干事博科娃本人的认同。

总干事不仅非常支持我们的倡议，还亲自为论坛的召开准备了热情洋溢的贺信。她表示，“文化和体育是人类的基本表达形式，对于促进世界包容和团结至关重要。教科文组织的目标就是充分激发青年潜能，让他们进一步成为持久和平的引领者、公平发展的建设者。本届论坛正是一个良好的契机，南京有着近 2 500 年的历史，是我心目中最适合举办此次论坛的城市”……

有了教科文内部的支持，我与南京市委宣传部的领导商量，希望他们以南京青奥会组委会的名义邀请中国奥组委和全国青联一起参与此论坛。

在教科文战略规划署、社科部，特别是 Muffida 和 Alexander 二位同事的支持下，我们以教科文的名义邀请到了在世界青年体育和平方面的一些标杆性人物，如我在前面曾提到的巴勒斯坦国家女子足球队前队长哈尼，她讲述的是她那支一半是穆斯林、一半是基督徒的阿拉伯女子足球队。

她说她曾和队员们一起哭泣，一起欢笑，大家共同的目标就是把球踢进球门去。

肯尼亚女子拳击运动员科雷多讲的是她那个名为“拳击女孩”(Boxing Girl)的公益组织，如何通过拳击这样的体育活动，帮助女孩提高自我防御技能，提高自信心从而更好地融入社会和生活。

中国香港游泳运动员欧铠淳则以南京青奥会青年大使的名义向大家分享她眼中的奥运精神，并希望这种精神鼓励所有的青年人去克服生活中的各种困难。

那位加拿大小帅哥、联合国和平大使柯伯格则向大家分享其从 12 岁开始的国际公益活动的心得，强调青年人的生活目标里必须要有他人、社区、社会和世界。

我本人则通过一些自己的资源，邀请到了一些在中国的体育和平事业方面有影响力的人士，如少林寺方丈释永信，昆曲表演艺术家、教科文组织“和平艺术家”张军，央视著名主持人白岩松等。

老白的到场，使在场的南京青奥会的中国青年志愿者们尖叫了起来，他们纷纷要求白老师给他们签名和合影留念，将白老师当作青年体育和平的代言人。

老白不愧为央视名嘴，一上来就大谈本届世界杯足球，并说起冠军得主德国队。

他说，70 多年前，在德国发生过惨绝人寰的种族大屠杀，70 多年后，德国球队里聚集了来自加纳、土耳其、波兰等不同国家、不同肤色、不同种族后裔的现代德国人。

体育促进了社会包容，也像橱窗一样展示着德国今天多元文化的包容和伟大。

老白的一席话，无疑是对体育与和平作用的最好解读。

然而，就我而言，论坛最重要的并不是来的嘉宾有多少，颜值有多高，而是如何通过论坛的形式，为南京青奥会留下难忘的精神遗产，这个精神遗产的载体就是《南京倡议》。

为使《南京倡议》更具有合法性，更多地反映青年们的意愿，我专门在论坛召开前来到南京，与青奥会的青年志愿者们座谈。

为体现《南京倡议》的国际性，我还专门要求南京青奥会组委会尽可能邀请到志愿者中的外国学生参与座谈。

当我与这些学生座谈时，情况比我想象得还要好，青年们你一言我一语地给我很多极有价值的建议，认为在青奥会后，将世界青年重新汇聚在南京，继续青奥会青年、文化、体育、和平的伟大事业，实在很有必要。

他们还认为，通过这样的青年节，甚至可以打造亚洲最大的青年节，让亚洲青年们汇聚一起，相互交流，从而促进亚洲的团结与和平。

一旁的非洲同学唯恐把他们落下，大声强调非洲在当今世界的重要性和中非友谊，认为在这样的活动中，非洲青年的位置是不言而喻的。

美国同学也表示，南京青年节可以成为中美青年交流的项目，并十分肯定地说，如果青年节举办，美国青年会来得非常多。因为美国青年有强烈了解中国的愿望，而南京的前世今生是最好的活教材。

根据同学们的意见，我用教科文的语言归纳了一下，在论坛召开的上午向与会嘉宾散发，请他们提出修改意见，然后在论坛结束时，由南京的两位青年进行宣读。

这两位朝气蓬勃的青年，男孩是大学生，女孩是南京外国语中学的高中生，才 16 岁。他们一位用中文，一位用英语，交替着大声向所有论坛的参与者们呼吁：

——我们注意到青年已占世界总人口的四分之一；

——我们注意到青年一代在解决当今全球化世界中众多地区依然存在的武力冲突、暴力和敌意方面负有的关键责任；

——建议从 2016 年开始，每两年由“和平之城”南京，或世界其他城市发起，举办一次围绕体育、文化与和平主题的夏季青年节；

——建议在举办未来夏季青年节前，在青年中开展一系列的讨论和磋商活动，其中包括开展网上交流，从而让青年们充分地分享他们的故事、提出各种好的建议和交流各种好的做法；

——共同践行南京青奥会所倡导的“分享青春、共筑未来”的理念……

就这样，一个以南京青奥会运动员和志愿者为主体的《南京倡议》问世了，论坛的国际国内嘉宾们给予了热情支持和肯定，媒体的反响也非常好。

最关键的是，《南京倡议》为后青奥会南京与教科文组织的合作，南京参与世界青年事务留下了一笔无形资产和法律依据，只要南京愿意，这面大旗可以一直打下去了。

出席论坛的全国青联和国家奥委会的领导也向我表示，南京的这个做法好，将体育赛事与城市今后的国际化品牌定位和宣传结合起来，留下个精神遗产，一石二鸟，为中国地方城市今后举办国际体育活动打开了新的思路……

2014 年 8 月，世界青年体育、文化与和平论坛在南京举行

第二节
为什么"和平"是南京最好的城市名片

在我整个国际沟通生涯中，有关城市的国际形象定位及其营销问题一直让我着迷。

当年在上海办世博会时，我和团队也一直在琢磨，上海城市的定位究竟是"海纳百川"的开放与包容精神，还是需要通过"城市，让生活更美好"的世博理念，将上海打造成国际宜居城市形象？

其实，有关城市形象和地标的设计与营销，本身就是个瓷器活，在国际一流商学院里均有这样的课程案例，英语叫做 Place Branding，我也曾应斯德哥尔摩商学院的邀请，介绍了上海世博会对上海城市形象营销的作用。

回顾一下那些国际著名城市，如纽约、伦敦、巴黎、罗马、斯德哥尔摩等，城市的品牌定位是经年累月历练和打造出来的，它们城市自身发展的特殊故事构成了城市特有的自然禀赋，这种禀赋就成为 Place Branding 的前提条件。

如，谈到纽约，人们自然会想到国际大都市、联合国总部、华尔街等，将纽约定位为国际政治、经济中心城市的形象几乎约定俗成；

谈到伦敦，自然想到的是伦敦金融城、威斯敏斯特大教堂和世界上最古老的民主体制；

谈到巴黎，自然是法国文化的浓缩及其独特的法国文化在世界文化中的地位，如电影、博物馆、美食等；

谈到罗马，自然是恢宏的历史建筑及其这种文化对西方世界在文化和精神上的影响力；

谈到斯德哥尔摩，人们肯定会想到旖丽的湖泊，人与自然的和谐相处，恬静的城市，以及在这座美丽的城市里一年一度颁发的举世瞩目的“诺贝尔奖”。

刚与南京有关部门领导接触时，强烈地感觉到南京领导对家乡城市的那种由衷热爱，并希望将他们的这种对故土的一往情深融入将南京打造成在中国和世界的城市名片中。

如，作为六朝古都，南京城市的历史文化在中国和世界上都非常独特，因此，南京的领导们希望在南京城市的 Place Branding 中突出历史古城名城的地位。

为此，南京特意打造了两年一度的“南京历史文化名城古城博览会”(World Historical and Cultural Cities Expo)；

同样，南京的地理位置得天独厚，有虎踞龙盘的紫金山、奔腾不息的扬子江、美丽如镜的玄武湖，这种城中有江、湖中有山的自然景色在中国城市中绝无仅有，因此，南京又提出了打造中国和世界宜居城市的响亮口号。

在精神气质上，南京人民富有同情心，是一座博爱之城。

南京领导告诉我，博爱是国父孙中山先生提出的，南京曾经是孙先生缔造的中华民国首都，南京人民始终将国父孙中山的博爱思想作为城市的灵魂和这个城市里的居民相互关系的坐标。

听完南京领导介绍，我深感南京城市国际品牌定位所具有的丰富的城市禀赋，其特质是中国其他城市所不多见的，然而，遗憾的是，南京城市的上述特质并没有被外部世界所认知,相反,由于历史的原因,在国际上,人们一提到南京,第一反应并不是南京悠久的历史和迤逦的湖光山色,而是震惊人寰的"南京大屠杀",是一座世界闻名的屠杀城、悲情之城,这是像刀子一样牢牢地刻在世人的脑海里的东西,没有任何力量能够改变。

显然,将一座有如此独特文化底蕴生机勃勃的城市,永远定位在"悲情之城""世界屠城",不仅是南京的领导,就是800万普通的南京市民都是不能接受的!为了改变这样的印象,南京在城市品牌宣传方面投入大量的力量,响亮地提出了打造世界历史文化名城、有江有湖有山的生态宜居之城、有人文情怀的博爱之城及大学生人口比例全国第一的中国"大学之城"……

有意思的是,南京将如此多的元素集中在城市名片的营销中,给国际社会的信息仍然是不清晰的,这里就引出 Place Branding 的核心定位问题,换言之,究竟什么是南京的城市精神的本质?

在我看来,所有目前南京的城市宣传定位中,无论是历史文化名城、宜居之城、博爱之城,还是大学之城,均没有像"和平之城"那样集中和深刻形象地反映出南京的前世今生和南京人民的精神世界,对生活对未来对世界的那种情怀,对人类和平的那种担当,对美好事物和生活的那种热切向往。

这就是差异化城市品牌营销的原理。

在我看来,将南京打造成世界历史文化名城的愿望非常好,但它不能反映出南京城市的全部,原因是中国历史文化名城太多,如毗邻的苏州,拥有两处联合国教科文组织的世界文化遗产(9 个苏州古典园林和中国大运河 4 个河道及 7 个景点)、6 项世界非物质文化遗产(中国昆曲、中国古琴、宋锦、缂丝、苏州端午和苏州香山帮)。

苏州作为东方历史文化名城,享誉世界几乎在人们的思想中约定俗成。

面对如此美誉度的苏州,你在历史文化名城上的品牌营销,怎么做也做不过苏州的。

与此同时,中华民族悠久的历史,给我们炎黄子孙留下了太多太多的历史文化名城,我深信,类似西安、洛阳、开封等城市的国际化定位,也一定会在自身的历史与文化中寻找城市的自然禀赋,它们在这方面的 Place Branding 与南京应该是如出一辙,这就极容易会形成同质竞争。

关于宜居城市,这也肯定不是南京城市品牌的关键词,原因是那些在第一轮改革开放中没有太多机会的城市目前均已青山绿水,成为不少人最向往最宜居的城市,如贵阳、烟台、扬州、珠海、厦门、三亚等等。

如果南京的城市定位与这些城市看齐,感觉上没有用好南京独特历史这样的王牌。

诚然,将“博爱”定位于城市名片,如此 Place Branding 不能不说用意良苦,它对提升城市的精神面貌和居民素质及其善意认同感有帮助,然而,“博爱”很难量化、很难被外部世界所感知和认同。

此外,如果从统计数字看,中国人均善款捐赠比例最高的是深圳,在人们心目中,深圳是中国最具同情心的城市,每次国家遇到各种自然灾害,深圳居民总会在第一时间站出来捐钱捐物,而南京不仅缺乏如此的公众形象,而且由于沸沸扬扬的鼓楼区法院"彭宇"案，给外界在其"博爱城市"的定位上早已有了先入为主的看法。

还有，在中国社会目前的语境中，"博爱"的传播力并不强，它或多或少让人感到这是个"泊来品"，或多少沾点民国"遗风"，与本阶段中国社会的关切稍稍有点远。

至于将南京 Place Branding 为中国的"大学之城"，这只能是一个普通的城市定位，反映的仅仅是教育的维度，缺乏内容的广博与包容性，在层级上也偏低，丝毫反映不出南京的特殊历史底蕴和今天的南京担当意愿和精神。

在中国，号称自己是大学之城的城市有的是，北京、上海、深圳，哪个城市的学校和学生少了？哪个城市又不将自己标榜为是"大学城"？

此外，统计数字显示，武汉在校大学生和研究生总数已达到 118.33 万人，占全国在校大学生和研究生总数 2 473.1 万人的 4.78%，是中国的第一"大学城"。

以上分析告诉我们，无论上述何种定位，我们均有可能"挂一漏万"，没能将南京城市的禀赋淋漓尽致地体现出来，而"和平之城"则不一样，它超越一切，是最高级的，是历史文化名城、宜居之城、博爱之城、大学之城的总和，世界上也只有耶路撒冷(Jerusalem)等少数城市才能称之为"和平之城"。

因此，一旦南京"国际和平之城"的国际城市形象得以确立，南京不仅在中国，在亚洲，甚至在世界城市中的独特地位就自然而然地得到承认，其美誉度和影响力也将对中国的国家形象会有很大的帮助。

第三节 为什么将“和平”作为国家形象传播核心要素?

一、吴建民大使为何让我们难忘

谈到南京,必然要谈到南京人,而给我印象最深刻的南京人莫过于吴建民大使。

吴大使不仅是我在大使馆的领导,也是我人生道路上的恩师。

我们认识至少有20年,工作中亦师亦友也有16载,特别是我们分别离开驻法使馆岗位后的13年里,我俩成为无话不谈的好朋友,他对我在上海世博会的外事工作,以及在联合国教科文组织从事的文明对话工作均给予了巨大的支持,每当我想起这些往事,内心总感到无限的激动。

2015年秋,我有幸见到吴大使全家8位兄弟姐妹,原因是他们全体结伴相约来巴黎,一是要看看世界,看看吴大使曾经工作过的法国;二是通过这种形式,加强手足之间的交流,包括为了更好地了解各自的过去。

吴大使对我说,全家8位兄弟姐妹各自踏上工作岗位后,彼此只知道在从事什么工作,但细节并不知道,更不要说人生的经历。现大家退休了,有必要在一起聚聚,感恩父母的同时,相互说说,增进彼此的了解。

后来,他们8位兄弟姐妹合写了一本书,叫《心若在,梦就在》[①]。

书是在吴大使逝世后出版的，大哥吴建国将军专门寄给我一本，我看后心潮澎湃，对吴大使这个南京人又有了新的了解。同样，对吴大使他们这个培养了共和国将军、大使、教授、高级工程师的普通南京家庭肃然起敬。

过去，我只听说吴大使是寒门弟子，看了书后我才明白其当汽车司机的父亲和当厨师的母亲，是如何在那个兵荒马乱的时代含辛茹苦地拉扯他们成长，特别是他们笔下的父亲，那个吃苦耐劳、不断努力向上，但又事事谨小慎微，处处克己奉公的形象，这让我看到了那个时代中国人的典型。

在所有对其父亲的追忆中，我感受到在那个时代的老父亲，其人生最大的期许是过上几天太平的日子，但这样的太平日子不仅在日军铁蹄下的南京是不可能的，在接下来各种数不清的政治运动中也是不可能的。

我感动于吴大使 8 位兄弟姐妹的书，还因为在这样兵荒马乱的时代，在如此的贫寒之家，这个普普通通的南京人家"位卑不忘忧国"，为共和国培养了如此多的国家栋梁之材。

无疑，通过读此书，让我对吴大使的身世，特别是他的人生观、世界观又有了新的了解。

那么，这位来自南京的中国外交家为什么让我们难忘？

也许，贫寒子弟的家庭基因决定了吴大使的恻隐之心。

在他临终前的两周，他来巴黎，一定要我安排看望原来教授使馆员工法语的马老师。

---

① 《心若在，梦就在》，吴建民、吴建胜、吴建中等著，中国出版集团现代出版社 2016 年 3 月出版。

这位马老师，法语名字叫 Hélène Marchisio，已经 93 岁高龄，丈夫 97 岁，迟暮之年，身体都不太好。吴大使执意要去看望，让马老师非常感动，她电话里对我说，大使那么忙，就别来了，心意领了。但吴大使还是去了，嘘寒问暖，情景感人。

在离开马老师家去机场的路上，他特意嘱咐我，要想办法在经济上接济一下这对老人，他们对中国有感情，曾经在我们国家困难的时候帮助过我们。

这是我看到吴大使英雄柔肠的又一个例子。

然而，相形之下，吴大使给我们留下的更多的是他在中国和世界外交舞台上所积极倡导的“和平对话”外交思想遗产，而正因为他将“和平”作为其“奔走相告”的终身使命，他又成为一个倍受瞩目的中国外交家。

这种瞩目既表现为对其观点的认可，也包括反对。

在绝大多数中国公众，特别是知识分子和青年的眼中，吴大使的思想是时代的写照，是中国最高利益的体现，但在另一些人的眼中，他又是缺乏血性、一味求和的人，甚至是“民族的叛徒”。

在新中国历史上，中国社会从来没有因为一位外交官的外交思想，特别是一位退休外交官的观点而形成如此的撕裂，新加坡国立大学的郑永年教授在惊悉吴大使逝世时曾说了这样一句意味深长的话：“吴大使走了，义和团却还在”！

那么，读者也许会问，为什么“和平”会成为吴大使对中国社会的告诫？成为他对中国青年一代的临终嘱托？

老实说，我就此问题与他曾有多次对话，也善意劝说他不要再去与那些人对话，但他总是对我说，国家发展很快，形势虽然很好，但中国人开始骄傲了，民族主义、民粹主义抬头，这虽然是世界现象，但对中国目前好不容易得来的和平崛起外部环境非常有害，不管效果如何，我们都有责任去呼吁全社会保持警惕……

我感觉到，他的观点的形成并不是在一天之内，而是他从驻法大使岗位下来后每年出席大量国内外各种论坛，接触各种观点，特别是与世界各国人士坦诚交流后慢慢形成的。

我本人就在巴黎多次参与他与法国前政要的交谈，了解到法国、欧洲对中国的真正看法。

对此，圈外人，特别是那些自以为了解世界，而偏偏又不能与国际社会打成一片，更不要说水乳交融的人是很难理解的(仅其流利的英、法语就足已使那些所谓的专家望其项背)。

吴大使对国际时局的正确把握使其能够坚持不懈地倡导和平对话外交，在他的眼里那种国与国之间我赢你输的零和游戏已经结束，任何希望通过武力来解决国际争端，或通过战争提升国家在某个地区和在整个国际社会威望的想法都是不切实际的，全球化条件下必须倡导的是共赢和多赢的合作精神，而这样的合作能否成功将关系到中华民族是否能够全面复兴?

中国是否能够“和平崛起”?

他临终前最后一次见外交学院学生时就忠告他们要认清时代。

他警告说，中国已处在鸦片战争以来最好的民族复兴时期，中国比历史上任何时期都要接近世界舞台的中心，但不仅世界没有准备好，中国自己也没有准备好，任何对时代的误判，那怕是小错误，也会使中华民族如此难得的历史复兴机会与我们失之交臂。

我想，吴大使之所以让我们难忘，在于他伟大的人格和深邃的思想，而这一切就源于养育他的那个简单得不能再简单的家庭，源于那个时代他所经历的太多的风风雨雨，更源于他对伟大祖国的一往情深。

我们不妨回过头来看看吴大使离开我们整一年后世界形势发生的深刻变化吧！

英国脱欧、特朗普公然拒绝《巴黎气候公约》，“反全球化”或“去全球化”思潮一时在世界各国盛行，就在我生活工作的法国，如果不是马克龙总统当选，法国很难说不会归于“特朗普俱乐部”。

在这样的形势下，民族主义、民粹主义急速抬头，各种“黑天鹅”随时放飞。从某种意义上讲，世界处在冷战后最不安定的时期，恐怖活动此起彼伏，发生在巴黎、尼斯、柏林、曼彻斯特和伦敦的一个又一个恐怖袭击再次提醒我们，在一个文化和宗教上充满偏见、不信任，甚至仇恨的国际环境中，任何人，任何文明均会成为极端势力恐怖袭击的理想目标。

由此可见，和平依然是今天人类共同命运中最基本的诉求！

我们仅以 2015 年，也就是二战结束 70 周年的历史坐标年为例吧。

在这一年，全球至少发生大大小小各种武装冲突 248 起，全球 93 个国家遭受了恐怖袭击，共有 32 765 人不幸殒命。其中，欧美国家死于恐怖主义的人数高达 577 人，比 2014 年的 77 人增加了 650%。

在 34 个经合组织(OECD)国家中，至少有 21 个国家在 2015 年经历一次恐怖袭击，2015 年恐怖主义对全球经济造成的经济损失约为896亿美元。

在法国,2015年一年里遭受了大大小小9次恐怖袭击事件,更让法国政府感到后怕的是,全法有受法国家国土安全局监控的嫌疑犯高达12 000人,其中1 400多人与恐怖组织保持千丝万缕的联系,他们当中又有609人已奔赴战场,与极端分子一起与西方反恐联军作战。

与2014年相比,法国青年投奔反西方反恐联军战场第一线,与伊斯兰极端分子并肩战斗的人数比2015年又增加了48%!

今天,在世界浪漫时尚之都巴黎工作和生活的我,安全问题居然已成为家人和朋友与我交谈最关心的话题。

人们常常问我的是,巴黎安全吗?你害怕吗?

当亲朋好友与我谈及此事时,眼神里分明充满着怜悯神情,这与前几年投来羡慕的眼光形成鲜明对照。

不少国内来的朋友也常常不解地问我,为什么巴黎地铁里有那么多叙利亚妇女和儿童在要饭?

为什么在巴黎的不少区,总有数十成百来自中东的难民所组成的各种"难民营"?

为什么在通往加莱海峡的高速公路边上总有成群结队的难民出没?他们或钻进运输货车的货堆里,或钻进轮渡的货舱里铤而走险,盼望着逃到彼岸的英国?

的确,我们真的生活在一个矛盾百出的时代。

一方面,全球化的今天,人类创造财富和科学技术的速度和水平让人瞠目结舌,人类从未像今天这样处于无尽的物质繁荣中;但另一方面,在高度互通互联的地球村里,不同文明之间的对话、宽容、理解、互信,共同生活与共同工作依然目标遥远,武装冲突、恐怖活动此起彼伏,和平与安全是经济全球化的人类社会所创造的普遍大繁荣中的最贫穷与稀缺的产品,甚至可以说其为人类社会不可企及的奢侈品。

生活在欧洲,我切身感到,无论是难民潮,还是接连不断的恐怖袭击,人们比历史上任何时期对和平的呼唤都要急迫。

在这些饱受恐怖主义之苦的国家,民众对和平的渴望甚至超过经济和其他民生问题,以至于在任何政治选举中,安全问题成为政党当选或败选的主要问题,而欧洲人对和平与安全的如此渴望对亚洲人和中国人来说感受并不真切。

相形之下,在亚洲,特别在中国,一旦出现领土纠纷,持使用武力解决历史遗留问题观点的人往往比较多。因此,在欧洲的语境中,亚洲似乎又要回到了百年前兵戎相见的欧洲。

遗憾的是,我们对这样的语境并不敏感,并不了解,以至于仍有不少人将和平对话看作是懦弱的表现,将开动战争机器视作维护国家主权的最好法宝,有时互联网上磨刀霍霍,杀声一片,这使欧洲人较难理解这是一个渴望和平崛起的中华民族形象。

需要补充的是,在这样的欧美国家安全语境中,用和平理念来介绍中国的发展观将在欧美国家和世界享有广泛的受众,最容易得到他们的理解与同情。

相反,如果仅仅将 GDP 增速,市场、经济、贸易、金融合作等作为国家形象对外沟通的基本元素,关联度最大的受众将是企业大老板、政府、金融机构,而和平则涉及社会生活中的每个人,即使你对世界无处不在的中国商品有保留,你也不可能反对在这动荡的世界中由中国提出的和平理念。

值得警惕的是,在这些武力爱国的声音中,那种洗涮 1840

年鸦片战争以来中华民族蒙受的屈辱，把那些试图阻挡中国和平崛起的敌对势力碾得粉碎的呼声显得非常“政治正确”。

这使人们又依稀感到，网民的愤怒如同一个气压已到了极限的压力罐，在一定程度上向昔日的敌人报上 170 多年来的国恨家仇是中国和平崛起的必然前奏。

事实上，对敌人“放箭”已不是放不放的问题，而是什么时候放？针对谁而放？一下子放多少支箭的问题？

诚然，战争与和平是人类长久的话题。历史上，中华民族曾遭受过多少次战火，鸦片战争以来又是多少次遭受列强的宰割，一部中华民族近代的屈辱史又有哪个中国人不清楚？

然而，在今天浩浩荡荡的全球化浪潮中，和平与发展毕竟已取代“战争与革命”的时代，使用武力来解决领土纠纷，并进而实现民族与国家复兴的国际条件已不复存在，而唯有在全球化条件下，通过深入和全面参与商品、服务、技术、资金和人员等在全世界范围内的自由流动，创造更多的财富，包括精神财富，从而在提升国力的同时提升国家在国际社会的经济影响力、政治决策力、道义领导力和国家形象亲和力。

如果说这样的全球化不仅是当今世界我们每个人所面临的现实，更是人类发展的必然规律的话，那么，回过头看，吴建民大使所倡导的和平对话思想及其“爱祖国、爱人类”的教诲，是否就是通向全球化和人类大同的“通行证”？

如果说拥抱全球化已不仅是当今国际社会的共识，也是中国最高领导层和平崛起最重要的战略决策的话，面对“爱祖国、爱人类”的主题，我们是否只有“爱祖国”或“爱人类”的唯一选项？

进而，我们是否可以向世界庄严地宣告，“祖国”和“人类”

将在中国永远和谐共处,"祖国"和"人类"的共同"繁荣富强"是中国和平崛起的终极目标。

很难想像,就在几年前,吴大使因为对和平对话外交理念的坚定捍卫和反诘一个不爱人类的人如何会真心拥抱全球化而遭受了各种极端分子的辱骂!

著名学者资中筠先生很感慨地说过,吴大使只不过是作为一个退休大使,为社会做了最基本的外交知识的普及,讲的是起码的外交常识,遭到的却是一些人如此恶劣的诋毁。

资先生谈到吴大使时还专门谈到为和平而献身的以色列前总理拉宾,谈到了吴大使所捍卫的理想和价值的重要意义。世界潮流浩浩荡荡,和平毕竟是人类的共同需要。

在巴黎,法国前外长维德里纳向我表示,吴大使是我们今天这个混乱的世界里难得的一位"智者",他的和平对话思想对处理当今的国际关系特别宝贵。

吴大使虽然离开我们了,但他和平对话思想和青年一代要"爱祖国、爱人类"的遗训没有离开,相反离我们越来越近了,这就是先驱精神的意义。

我还记得《凤凰周刊》在评价吴建民时说过这样一段评论:

"有人说吴建民先生是中国的鸽派,其实他只是一个正派的中国学者,只是一个天真的知识分子。他更像一只优雅的仙鹤,在混沌的天际发出响亮的鸣叫。他不厌其烦地告诉当代中国人,我们何以走到现在?我们又要去向何方?而现在这只仙鹤飞走了,守卫他的天空已经成为了我们的责任。因为没有人能够接受,让这样的一片天空被一群呱噪、食腐的乌鸦占据,甚至还是以'鹰'的名义……"

在惊悉吴大使逝世的噩耗后,我迅即在巴黎与一些吴大使的生前好友自发成立了名为“吴建民之友”的团体。这是一个包括法国社会的政治家、国会议员、外交官、律师、企业家、大学教授、艺术家和普通中法友好人士的友谊俱乐部，由拉法兰总理担任名誉主席。我们所做的第一件事就是建立一个“吴建民中法青年交流奖学金计划”，旨在通过这样的奖学金，在中法一代中培养和造就新一代的”吴建民”。

2017 年 6 月 16 日下午，在吴大使逝世一周年之际，我们在法国培养外交家和政治家的摇篮——巴黎政治大学举办了“吴建民和平对话思想研讨会”。

前外长维德里纳、拉法兰总理特别代表德加莱大使、前参议院法中友好小组主席贝松，法国总统蓬皮杜之子、医学教授阿兰·蓬皮杜，前法国驻华大使、国际展览局主席蓝峰，戴高乐基金会秘书长福寿，法国著名企业家、ENGIE 集团监事会主席梅斯塔莱，法国著名的《回声报》主编巴雷，以及吴建民大使女儿吴捷和“吴建民中法青年交流奖学金计划优胜者”等中法各界代表 200 多人参加。

人们在吴大使冥日之际自发地从法国四面八方聚集在一起，通过这种研讨会的形式缅怀他，敬重他，研讨会上场面真诚感人，让人看到一位中国的退休大使是如此受到法国社会各界由衷的爱戴，这种爱戴已超越了国界、民族、文化，甚至意识形态的差异，使中法真正一家亲。

研讨会上，8 名“吴建民中法青年交流奖学金计划优胜者”更是现身说法，向媒体和公众讲述他们眼中一个充满活力的中国，讲述他们对“吴建民之友”的由衷感谢，使他们有机会去发现和认识真正的中国，并立志从现在开始，要向吴建民那样致力于中法友好和世界和平。

2016 年 6 月 16 日，参与吴建民中法青年交流奖学金计划的 8 位优胜者，在研讨会后集体合影

专门从布鲁塞尔赶来的伊莎贝拉（Isabelle Pernot Du Breuil）对我说，吴大使的逝世让她哭了一整天，研讨会让她感到吴大使回来了。

她对我表示，这样情真意切的聚会不仅在巴黎看不到，在她的一生中也很少见，尤其这毕竟涉及两个不同的国家和文化。

伊莎贝拉的话让我联想到习主席在瑞士达沃斯论坛上向全世界提出的“人类命运共同体”“人类利益共同体”的中国和平对话外交思想，而中法情感心心相印、水乳交融，正好印证了这种“命运共同体”的有效性及其无限生命力。

为此，我们是否也已看到一个国际关系崭新的和平时代已经到来。

二、中日能否寻回当年的“共同感动”

谈到南京,我们自然无法回避今日的中日关系。

我在本章开篇中曾说过,我第一次进入南京大屠杀纪念馆参观时全身冒冷汗,心中特别压抑,半天不愿意说话。

事实上,由于侵华日军所犯下的滔天罪行,日本在南京的形象总是被钉在南京大屠杀的耻辱柱上,我想,这也是任何一位来南京的国际国内参观者的印象。

然而,中日作为近邻,罪恶和仇恨的一页总是要翻过去的。

1972 年 9 月 25 日中日实现邦交正常化,中日两国领导人都重申让中日两国人民世世代代友好下去。作为那个时代的过来人,我目睹了中日两国的蜜月,日本电影如何风靡一时,高仓健、山口百惠又是如何成为许许多多中国人的明星偶像,而学习日语又是如何成为时尚,更有甚者,在我所在的城市上海,青年们或上学或打工,又是如何趋之若鹜地东渡日本的。

这段历史的最高潮自然是胡耀邦总书记邀请 3 000 名日本青年访华,让日本青年与中国青年相逢、相知、相爱。

在那个时代,讲中日友好是政治正确,会讲几句日语是开放进步的表现,而非曾几何时,你讲几句日语,一些人就把你当汉奸。更极端的是,几年前,一名西安青年,因为开的汽车是日系车,居然被一个反日游行者用钢锁打成重伤。

在法国工作这么多年,我一直梦想将“法德和解模式”引进到中日关系,我想,这对亚洲实现和平和经济繁荣,甚至为中国的和平崛起谋取良好的睦邻环境意义深远。

从历史上看,日本在 1894 年、1931 年、1937 年三次大规模侵略中国,而德国则在 1870 年、1914 年、1940 年三次进攻法国,中法受德日军事侵略,生灵涂炭的命运如此相似。

然而,法德实现了和解,欧洲建立了从煤钢、原子能联营到欧共体、欧盟的和平大厦,而不少亚洲国家之间依然充满不信任,甚至是敌对与仇恨,这在最近东北亚的"萨德导弹"危机中就可见一斑。

当然,我们能找到许多理由来证明和解只能在法德之间,如人们说的比较多的是德国人的彻底忏悔和法兰西的宽恕,而我们往往又会将这种忏悔和宽恕视作基督教的传统,视作是法德文化同宗同源的证据,而中日之间没有这种同宗同源的文化与宗教基础,所以不行。

然而,这样的解释在历史面前常常会显得苍白无力。

为了惩罚"世仇"日耳曼人,拿破仑军队抢走了柏林勃兰登堡门上的胜利女神,"老虎总理"克列孟梭在一战后拼命让德国赔款割地,整得德国人趴在地上起不来。

如此,法兰西的宽容、宽恕思想去哪了?

在斯特拉斯堡工作时,欧洲委员会的一位高官曾对我说,统一中日两国中学生的教科书非常重要,法德和解就是从统一教科书开始的;

一位法国外交部的官员对我补充道,要抓青年交流。

他告诉我,从 1963 年法德签署《爱丽舍条约》后,法德每年组织约 20 万法德青年参加各种交流活动,至今已有超过 1 000 多万法德年轻人通过此类交流活动,相遇、相知、相爱。

当然,与统一教科书和青年交流相比,更重要的还是作出这种决定的强烈的政治意志。

当年中日恢复邦交正常化时,中日两国领导人面临的国内外的压力不可谓不大,这就如同当年戴高乐与阿登纳所面临的政治压力是一样的。但作为战争的经历者、受害者,当年法德领导人想得更多的是如何将和平带给下一代。

据统计,从1958年秋到1962年,戴高乐与阿登纳之间的通信达40余次,会晤15次,总计进行了100多个小时的会谈。特别需要强调的是,戴高乐精通德语,戴高乐与阿登纳的交流是在没有任何翻译的情况下进行的。通过这种个人之间的友谊与信任,法德实现了真正的和解。

戴高乐曾形象地概括法德友好:“对法国来说,在欧洲只可能有一个伙伴,甚至是理想的伙伴,这就是德国”,“德国和法国必须结成紧密的友谊。只有德法之间的友谊才能拯救西欧”,“欧洲联合将由法国和德国完成,法国是赶车人,德国是马。”

写到此,我不由自主地想到30多年前胡耀邦总书记邀请3 000名日本青年访华的情形,感慨此决定的深远战略意义。

如果说当年戴高乐倡导的法德青年交流造就了德国外长菲舍尔等一批对法友好的坚定的欧洲团结派的话,胡耀邦开启的3 000名日本青年访华团中就培养了一些对华友好的日本政治家。

2015年9月21日,为纪念世界反法西斯战争胜利70周年以及联合国和联合国教科文组织成立70周年,我在北京四中主持了一年一度的“国际和平节”庆祝活动,日本驻华大使木寺昌人出席了我们的活动。他的一席话从另一个角度印证中日友好是两国的根本利益与人民的最大愿望。

他说,加强中日两国国民之间交流和相互理解的重要意义不亚于中日首脑级别的会见。中日要寻回当年两国人民与青年之间的“共同感动”。

他说，他和他的夫人第一次来中国就是受益于当年胡耀邦总书记邀请的3 000名日本青年访华项目，这种两国青年间的“共同感动”是中日世世代代友好下去的基石。

木寺昌人说得很对，由于种种原因，中日两国“共同感动”现在不见了……

三、假如木俣佳丈建成了“亚洲版”的“哈佛肯尼迪政治学院”

木寺昌人的话让我想起上海世博会时的一段往事，说的是日本国会年轻议员木俣佳丈。

他早在2006年就在日本国会发起成立2010年“上海世博会合作议员联盟”，由他担任秘书长，由原日本外务大臣高村正彦担任会长。联盟成立最初包含日本众议院70余名议员和议员代理，后来在上海世博会举办前达到200余名成员。

木俣佳丈是真心热爱上海世博会的，他本人不知来了多少次世博园，还带领日中友好支援中心300名志愿者坐包机来沪与世博局对口交流，但他给我印象最深的还是对世博会展后场馆使用问题的建议。

他非常正式地告诉我们，世博会场馆那么美，上海要想办法将其保留下来，但不是为了保留而保留，而要在内容上下功夫。

他说，他研究了美国政治，美国为什么有全球影响力，因为美国培育了一个有全球影响力的网络，这个网络就是哈佛大学肯尼迪政治学院。

如果我们在亚洲也搞一个亚洲版的“哈佛肯尼迪政治学院”，亚洲的青年政治家们就能坐到一起讨论世界大事，相互认识，增进了解，这对亚洲的团结，甚至和平非常重要。而有资格牵头和办此学院的非今天的中国，而在中国有吸引力的校址非上海世博园。

木俣佳丈讲此话已过去快十年了，上海世博会园区也早已物是人非，每次回上海我从卢浦大桥过的时候，我总喜欢眺望一下世博园，也总会想起他的话。

我有时也会扪心自问，今天的中日关系落到如此地步，与日本政治右倾现象分不开，与缺乏中日两国人民，特别是青年一代之间的“共同感动”分不开，是否，与我们缺乏木俣佳丈那样的想象力也分不开呢?

当年法德修好，是因为法德的煤、钢、原子能等战略资源是联营的，两国之间再也不需要为这些战略资源兵戎相见。

后来，这样的经济联合促成了欧洲经济共同体、统一大市场、欧盟和今天的欧元区经济一体化，而促成这种政治联合的是法国外长舒曼。

我们是否可以这样推断，如果没有当年法国外长舒曼先生提出的“舒曼计划”，欧洲联合还会是今天这样吗?

法德还能“摒弃前嫌”一心一意搞生产吗?

再假如，历史如果真的像 2012 年中、日、韩三国外长设想的那样，在中国烟台设立三国“自由贸易区”，然后在三国内开展人民币、日元、韩元自由兑换，我们是否可以看到一个“迷你”版的“亚洲经济共同体”，甚至“亚元区”从此就“呱呱坠地”了呢?

要注意的是，这个“迷你”版的“亚洲经济共同体”或“亚元区",代表的却是16亿人口和16.35万亿美元的经济总量,它超过欧盟28国经济总量(16.22万亿美元),仅略低于美国(17.94万美元),占了世界经济总量的22%!

由此,我们是否可以这样假设,在国际关系中,政治家的想象力与人民之间的"共同感动"是否同样重要?

我想,假如木俣佳丈真的建成了"亚洲版"的"哈佛肯尼迪政治学院",中日青年政治家之间,亚洲各国青年政治家之间是否多了一个沟通平台,亚洲和中日之间的国际关系是否会是另一种样子……

从木俣佳丈亚洲版"哈佛肯尼迪政治学院"的假设,我又想到另外种种假设,而因为这些都是我曾经试图努力的和平项目,但均因各种原因没有做成,因此,在这里我只能用虚拟语气的假定条件。

假设之一是为纪念二战胜利70周年,弘扬中国太极文化,我与凤凰卫视计划2015年10月18日在巴黎著名的埃菲尔铁塔下面举办一个"千人太极和平秀",正式的名字叫"为了和平,向前一步"(Un Pas pour la Paix)。

"千人太极和平秀"招贴画

这个活动着实费了我不少心思。

我们选择10月18日是因为这一天是当年，也就是2005年，由希拉克总统亲自推动的联合国教科文组织《保护和促进文化表现形式多样性公约》10周年纪念日。这个公约在教科文历史上具有里程碑意义，在某种意义上也是冷战结束后确定多极化政治、文化、艺术创造世界格局的国际公约。

太极是文化多样性的最佳载体，它来自古老的中国，在世界各地得到推广，各种爱好者加起来数亿，远远超出印度瑜伽的练习者，但遗憾的是，太极至今没有被列为联合国教科文组织的世界文化遗产，更不要说像瑜伽还有一个“国际瑜伽日”。

更难能可贵的是，太极不仅仅是一种强身健体的方法，更是一种人类和平哲学及生命存在方式的呈现。

说得具体点，太极思想体现了人与人、人与自然，人与自身灵魂的和谐和平，而这样的和平理念在当今的世界是非常宝贵的。

碰巧，打太极时人们都要向前迈出一步，将这种太极步法形象地与我们每个人保护和平的职责联系起来，就成为我们活动的标题。

活动设想得到中国驻法大使翟隽先生的肯定，他在听取我的介绍后对我说，这是个好项目，使馆支持。

我通过巴黎市长外交顾问找到了市长安娜·伊达尔戈女士，她表示巴黎支持这样的和平活动。

还有法国教科文全国委员会主席贾尼高，希拉克基金会副主席、希拉克总统的女儿克洛德·希拉克女士，她对我说，只有这样接地气的太极秀才能真正唤起人们对文化多样性保护的重视。

由于安保的原因，活动地点调整到荣军院国家迎宾广场的草坪上，我和凤凰卫视巴黎记者站徐林平站长、巴黎 Les Temps du Corps 东方文化中心主席多米尼克和夫人柯文与巴黎警察局和相关部门不知开了多少次会，一切都在有序进行中。

可是，就在此时，巴黎的治安形势明显恶化，有消息证明恐怖分子已混入难民之中来到欧洲，并伺机发动恐怖袭击。

最后，由于安全不能确保，活动在预定的时间前一周被迫推迟，1 250 名全法各地的中国太极爱好者们只好服从我们的决定，但他们当中有些人的火车票是不能改签的，我能想象他们的沮丧之感。

11 月 13 日巴黎终于发生了举世震惊的恐怖袭击，歹徒们从法兰西体育场、第 11 区的柬埔寨餐馆和巴塔克兰音乐厅三处同时下手，滥杀无辜，共有 132 人死亡！

也许，巴黎警察局对我们的忠告让我们呼唤和平、保护和平的太极秀逃过一劫，但恐怖袭击本身也在告诉我们，“为了和平，向前一步”是多么的重要。

“和平”！“和平”！为了你，我们必须从自身做起，人人行动起来，向前迈出一大步！

假设之二是我与凤凰卫视策划的在教科文成立 70 周年的庆祝晚会上，让享誉中外的中国著名青年钢琴家郎朗与蜚声世界的日本著名指挥家小泽征尔同台演出，共同演出一首贝多芬的《欢乐颂》，感谢教科文组织 70 年来坚持不懈地在世界各国传播“和平文化”，并在各国人民的思想上建立保卫和平之屏障。

这个想法是凤凰卫视副总裁王纪言先向我提出的，我觉得立意很高,如果由凤凰卫视参与,传播形式不仅简洁、现代,而且涉及受众广泛,是通过世界著名艺术家音乐会的形式向和平致敬,特别是由于郎朗与小泽的全球影响力,中日和平和解、世世代代友好的信号将传向全世界。

为此,我又找到了好朋友果敢,这位在巴黎生活近 20 年的中国艺术家、法国文化与艺术骑士勋章获得者。

他告诉我,他可以与日本著名的二胡演奏家一起表演二胡演奏,并建议我邀请俄罗斯与乌克兰的世界级芭蕾舞蹈演员一起跳《卡门》双人舞,让巴勒斯坦与以色列音乐家同台演出中东的民族音乐。

我们甚至还想到让那些在巴黎又源自战火中国家的艺术家也来参与,如伊拉克、利比亚、叙利亚的艺术家,让全世界相互处于紧张关系的国家和已陷入冲突和战乱的国家的艺术家一起,在教科文组织这样一个国际上崇高的和平组织的 70 周年晚会上向世界的四面八方发出和平的呼吁。

然而,就在我们为策划如此富有特色的和平节目激动不已的时候,教科文秘书处个别领导担心此举会有失教科文的中立性,尤其是当时中日正在围绕"南京大屠杀"是否列入教科文组织世界记忆遗产事展开激烈的斗争,日本甚至表示将停止支付给教科文会费。

在这种情况下,我们这个项目也就不了了之。

假设之三是我与南京大学策划的"伟人后代话和平"活动。

我想,在二战结束 70 周年后如何让现在的中国和世界青年牢记和平、守住和平应该是我们一代人的职责。

我想邀请二战伟人后代相聚南京这样一座在中国抗战史

上具有特殊意义的城市，也就是说，让罗斯福、丘吉尔、戴高乐的孙辈们与毛泽东等的后代一起，在南京，具体地说是在南京大学，与历史系的同学们座谈当年伟人们为和平所付出的艰辛，甚至是牺牲，从而告诉青年一代和平来之不易，必须在70年后继续坚守。

我的想法是小现场大传播，这也是凤凰卫视20年成功的经验所在。

如果是用英语交谈，自然是凤凰台曾主持教科文电视辩论会的青年才俊姜声扬或当家花旦陈鲁豫、陈晓楠来主持最好。

如果是用中文，我就想到白岩松，他是我的好朋友，对我在教科文所做的和平项目一直非常支持。

老白对和平的坚定信念和在中国青年中的美誉度将会使节目的传播更有力量。

也许是此项目跨越了太多的历史，涉及太多的名人后代，此项目在前期进展顺利，后期遇到了一些沟通问题，最后也是不了了之，非常遗憾。

在此，我要特别感谢丘吉尔首相的外孙女爱玛·丘吉尔(Emma Soames)、戴高乐将军的孙子皮埃尔·戴高乐(Pierre de Gaulle)均在第一时间给我回复确认参加并强烈地表示他们与中国青年人一道捍卫世界和平的责任。

罗斯福总统的孙子弗兰克·罗斯福(Frank Roosevelt)也在我给他写信后不久给我邮件确认出席此活动，并告诉我他虽然在非洲定居，但经常来中国，特别是上海，非常愿意为中美青年交流和世界和平作出贡献。

我还要感谢我的好朋友中国友联会秘书长吕崴女士和世

界台胞大会召集人朱梅生先生,他们为此项目的沟通尽心尽力,让我非常感动。

当然,我还要感谢南大历史系和平学教授刘成,他从一开始就对此项目非常热心并向我反复强调如果项目成功,会对南大和中国和平学带来的重大意义。

自然,在所有的感谢中,我最不应该忘记的是南京市委宣传部长徐宁,她对此项目的重视使我感受到好的策划总是会得到各级领导支持的,包括南京大学的校领导。

2015年是我非常繁忙的一年,有些事做成了,有些事没有。当我向吴建民大使谈到我的复杂心情时,他总是对我说,所有的策划立意高、方法新、接地气,今天没有做成,明天还可以做,和平是长期的。

他告诫我,形成人的思想共识是要有过程的,关键要有开端。

不知为什么,吴大使虽然走了,他的话还总是会在我的耳旁响起。

我从内心感到,在国际沟通中一些想象力是需要的,特别是万一这些想象实现了呢?

如果木俣佳丈的“亚洲版哈佛肯尼迪政治学院”真的实现了呢?

如果我们“千人太极和平秀”得以呈现,郎朗与小泽老少对话,是否能开启琴声中的中日和平与和解?

如果二战伟人的后代真的相聚在南京,那么,中国在国际上的和平形象和南京在国际和平城市中的美誉度是否会有那么一点提升?……

四、让我们共同吹响和平事业的“集结号”

受木俣佳丈“亚洲版哈佛肯尼迪政治学院”的启发，我在2015年所做的另一件事是推动在南京大学设立“联合国教科文组织和平学教席”。

我真的是从内心深入感到，中国的和平崛起最需要的是和平的国际环境，特别是亚洲及其周边国家的和平环境，和平的重要性对今天的中国应该像空气与阳光一样。

然而，在现实生活中，青年人中希望打仗者大有人在，似乎对日本、越南、菲律宾除了武力以外没有其他的政治手段可以解决目前的冲突。

更有甚者，这种以武力解决国际纠纷的想法又被与洗涮1840年鸦片战争以来我们中华民族所蒙受的耻辱联系在一起，仿佛只要枪声一响，那些胆敢挑战伟大中国权威及中华民族伟大复兴事业的国家都会像螳螂挡车一样粉身碎骨。

对这样的现象，南京大学历史系和平学教授刘成看得最真切，感受也是最深的。

刘教授告诉我，他与日本和韩国的和平学者交流非常频繁，共同感受到在青年一代中传播和平理念非常紧迫又任重道远，因为在这些国家青年人中崇尚武力的人大有人在，如何防止亚洲出现新的战争是这些有良知的学者的历史责任。

为了推动设立“联合国教科文组织和平学教席”，刘教授让他的国际同行，那些享誉英美高校的世界和平学的大学者们给我写信，感谢我关心中国和世界和平学教育，表达他们随时愿意为南大“联合国教科文组织和平学教席”提供学术支持的意愿。

这些学者和教授的信让我心里热腾腾的，我感到我做的事不仅对南大有价值，对世界和平及教科文和平使命在全球的传递均有意义。

我在教科文教育部门分管“大屠杀教育”的同事 Karel Fracapane 兴奋地对我说，他想将“大屠杀教育”扩大到亚洲的想法由来已久，但一直没有机会找到合作伙伴，南大的“和平学教席”无疑是天赐良机，会将教科文和平文化与成员国，特别是亚洲和中国更紧密地结合起来。

我不知与他喝了多少次咖啡，对南大的“和平学教席”内容反复斟酌，并在刘教授亲自操刀下不断完善申请方案。

我们甚至想到，为使中国，甚至亚洲第一个“联合国教科文组织和平学教席”更具国际影响力，我们必须找到一位在国际上公认的和平使者担任教席的负责人(Chair Holder)，但这位 Chair Holder 的职业生涯、学术造诣和道德力量在中国，甚至在世界应该是一流的。

对这样的中国和平使者，我们共想到有三个，他们分别是赵启正、沙祖康、吴建民。

赵主任在国内家喻户晓，他在担任国新办主任期间明确提出“中国立场、国际表达”，他的务实、开放、自信的对外沟通方式，开启了中国外宣的新时期。

更可贵的是，赵主任非常关心“南京大屠杀纪念馆”的建设，从项目立项到后来的运营、对外沟通等，凝聚了赵主任大量的心血。

可以不夸张地讲，没有赵主任就没有“南京大屠杀纪念馆”的今天。

沙大使是蜚声中外的外交大家，无论是作为外交部军控司长，还是中国驻日内瓦联合国专门机构的大使，或是最后担任联合国副秘书长，他对中国外交的巨大贡献，对中国和世界和平的巨大贡献均可圈可点。

尤其宝贵的是，沙大使是南大的毕业生，他一直以是南大的学生自豪，南大的事就是他的事。

与沙大使一样，吴大使同样是一位在国内外令人敬重的外交家。他的儒雅、淡定、自信及其在国际舞台长年不懈地传达中国和平崛起的坚定信念，使吴大使成为中国与世界文化对话和交流的重要符号，更是中国新的千年和平对话外交的象征。

值得一提的，尽管出生在重庆，吴大使一直将南京作为滋育他成长的家乡，这里不仅是他父母的出生地，也是他童年和青少年期间成长之地。因此，吴大使也是一位不折不扣的南京人。

以上三位中华民族和平代言人中，我们都感觉吴建民可能更合适，这不仅由于其在国内外的和平形象，更因其娴熟的英、法语表达，这对和平教席的国际合作无疑非常重要。

我找到了吴大使并把想法告诉了他。

他先是认真听，然后对我很平和地说，他目前的社会工作已很多了，但只要南京的领导认为合适，他一定会尽力做好，毕竟和平太重要了，中国需要和平，亚洲和世界也需要和平，他愿意为此奉献自己所有的时间。

南大“和平学教席”是我在国内众多和平项目中的一个，本希望在 2015 年二战结束 70 周年之际成立，但由于种种原因没有及时启动，非常可惜。此事能够如愿，很大程度在于刘成教授的不懈努力和北京有关部门领导的直接过问。

在我的设想中，南大“和平学教席”与“南京大屠杀纪念馆”“拉贝纪念馆”，以及上海虹口区的“上海犹太难民纪念馆”是互为一体的，教席只是其中的一个学术平台，而三大纪念馆的收藏史料正好为这样的学术研究提供必要的史料支持，从而使这样的和平学教育和研究均具有扎实的基础，对中国和亚洲青年接受这种教育更有说服力。

南京大屠杀纪念馆前馆长朱成山和现任馆长张建军对这样的想法非常支持，他们迫切地希望能将教科文组织的和平事业与纪念馆的工作对接起来，从而形成国内外的互动，在欧洲和世界其他地方共同谴责二战期间侵华日军的法西斯暴行，“前事不忘，后事之师”，守住和平，防止战争再起。

“上海犹太难民纪念馆”的馆长陈俭曾是我上海外办的朋友，他一直有意推动其纪念馆与世界上其他二战犹太难民纪念馆之间的合作。

他告诉我，“上海犹太难民纪念馆”讲述的故事正好是中国和平崛起所需要向世界展现的中国和平思想、中国人的大爱精神和国际人道主义。

想想吧，在二战德国法西斯对犹太民族实施种族大清洗的腥风血雨中，全世界国家或同谋或明哲保身作壁上观，而唯有中国上海接纳了大量犹太难民。

在这期间，据不完全统计，先后有 5 万多名犹太难民逃亡至上海，或经上海逃往他国。

上海当时接纳的犹太难民比加拿大、澳大利亚、印度、南非和新西兰接收犹太难民人数的总和还要多。

此外，上海不仅让这些难民逃脱死神的魔爪，还得以在此栖身,安身立命,有温饱,有工作,有家庭,有生活,甚至包括宗教生活,现在的“上海犹太难民纪念馆”就是原来的摩西会堂。

陈馆长对我说,他一直想把这段历史告诉世界,特别希望能在联合国教科文组织总部办展览,因此,南大教科文和平教席与他的想法不谋而合。

从联合国教科文组织与2014年南京青奥会组委会联合打造的青奥精神遗产——“南京青年文化体育和平节”,再到联合国教科文组织与南大联合建立的“联合国教科文组织和平学教席”,一个在中国和亚洲青年中加强和平学教育的集结号已经吹响,这样的和平学教育将使南京、中国以及亚洲和世界青年懂得,历史不能忘记,和平是宝贵的。

我联想到“南京大屠杀纪念馆”张馆长对我说的,在目前参观纪念馆的青少年中,来自中国的最多,而亚洲国家,包括日本的青少年并不多,而了解这样的历史,应该是全体亚洲青年的责任。

但愿南大“和平学教席”能够为亚洲青年和平学教育发挥其特有的作用!

但愿作为青奥会遗产的“南京青年文化体育和平节”能够两年一次,将亚洲和世界的青年汇聚在南京,了解历史,不忘历史,以文化和体育为媒介,促进交流,保卫和平!

第五章
国家形象有效传播，我们还在路上

第一节
“和平崛起”与国家形象的有效传播

记得20世纪90年代初我在外交部礼宾司工作时，作为工作人员，我常有机会出席国家领导人会见发达国家外宾的活动，听到国家领导人讲得比较多的一句话就是，中国不发展，贫穷落后，西方会担心，而中国发展强大了，西方又担心。

由于当今国际事务主要还是西方主导，这个所谓西方的概念也时常被引伸为世界的概念。

也就是说，多少年来，中国的发展与不发展均会引起世界的关注，甚至担心。

我想，源于中国经济体量和特殊的历史和政治文化传统，在世界事务中，这种对中国的担心由来已久。

在今天，中国的经济总量已占世界第二，若干年后将超过美国，成为世界第一经济强国，人们总是会问中国的崛起会给这个世界带来什么？

我们可以将这种担心解读成比较中性的“兴趣”，即中国突然闯入了他们的生活，每天只要一睁眼，中国的商品如日用衣服鞋帽、各种电器、各种小礼品，甚至手机都源于中国，更有大街上随处可见的中国旅客、中国电影、中国餐饮。

面对这样的一个活生生闯入他们生活的中国，世界肯定会有兴趣，不管是积极的，还是消极的，因为，这与这些国家老百姓的生活有关。

从一般人的兴趣角度，他们还会引发出各种提问，这种提问就涉及中国崛起对他们文化、习俗和精神生活的改变和影响。

也就是说，中国人的到来会使世界更公平、更温暖，还是让世界的竞争更激烈，贫富差异更大，国际关系更紧张？

换言之，对广大世界公众而言，目前他们熟悉的仅仅是中国人制造的商品和提供的服务，而非商品和服务后面的人的故事。

也就是说，他们即使认同中餐、中医、太极、气功等中国人的传统生活艺术，但对现代中国人的精神生活和国家的精神生活不甚了解，其是一个仍需要求解的谜。

从这个意义上讲，如何讲好今天中国的故事，讲好中国梦，并让世界接受这种特殊性，认同中国的和平崛起理念，这是中国国家形象有效传播面临的课题。

自然，在如此讲述中国故事的过程中，我们必须回答谁是讲述的主体？谁是听众？最后是如何讲述？

所谓叙述主体，由于我们改革开放时间并不长，与发达国家相比，中国的国家形象传播的主体还是以政府主导、政府落实为主，由社会参与和推动的国家形象传播并不多。

为此，在政府主导叙述故事“不差钱”的同时，由于因袭传统的中央集权模式,过度依赖政府使故事的叙述太官方化,在打动人心、娓娓道来方面显得功效不足。

然而,值得玩味的是,由于对外沟通只占政府职能工作的极小部分,人们因此很容易将政府的对内沟通方法与对外沟通简单复制,这样的简单复制甚至体现在对沟通部门的英语表述方面。

在中文语境中,政府更喜欢用"宣传"来表达沟通的过程,原因是政府职能就是就其特定阶段的施政目标向公众作出解释,并通过这种解释动员来换取公众的认同与积极参与,这个过程中文习惯上就叫"宣传"。

但问题是,无论是从词源学还是一般意义的沟通学角度看,在欧美国家,甚至全世界,人们习惯用 communication 来强调政府与公众或人与人之间的各种互动交流,如法国,政府文化部就叫"文化与交流部",这种交流与沟通当然也包括对外沟通 communication,而宣传(propaganda)在西方则是众所周知的贬义词,它会让人想到那不是一种人与人之间的平等交流,而是一种为了达到某种政治目的的官方说教,甚至是蛊惑人心或欺骗,如希特勒的宣传部长戈培尔所做的。

因此,我一直在呼吁我们政府的外宣职能部门的表述最好用 communication,如"宣传部"的英语用 communication department,而非 propaganda department,实在不行,"一个部门,两种表述",如上海世博会的对外沟通部门,中英文表述是不一样的,英语选用的就是 communication,让外宾看了比较规范,容易理解。

我之所以在此咬文嚼字是因为迄今还有人把外宣的职能部门翻译成 publicity(广告部),这也是不恰当的,这会让人感到你的沟通是在做广告，违背了沟通的精神。

最好的翻译还是将 propaganda department 的英语更改为 communication department，但令人匪夷所思的是，有些部门还坚持将 communication 翻成“交通”。我想，这也许是这个单词当初进入中国的时候，它更多的意义确实在一种物理界面上，而非指心灵的互联互通，如上海的交通大学和交通银行，成立于 100 多年前，它们的英文名字就叫 University of Communication 和 Bank of Communication。

本着这样的逻辑，我们也就不难理解为什么在今天的许多官方文本中依然将人家法国文化与交流部译成“文化与交通部”这样令人啼笑皆非的事了。

所谓受众，就是要明确，我们沟通的对象是谁？我们所叙述的故事是给谁听的？

受众不明确，就会在沟通过程中张冠李戴，甚至出现对牛弹琴，严重的还会以国内的内宣方式处理对外沟通，让国际公众无法接受。

所谓叙述方式，这与上面所谈到的叙述主体又有密切关系。

由于现代生活流动性强及现代生活本身的万花筒效应，将政府的叙述方式回归社会、回归生活是必然的。

与此同时，与政府干巴巴、抽象的口号式叙述不同，社会的叙述是一个个百姓鲜活的故事叠加起来，他们形象生动，如中国的钢琴家郎朗、篮球运动员姚明、指挥家谭盾、装置与火焰艺术家蔡国强、电影导演张艺谋、电影演员巩俐和章子怡以及现在的明星企业家马云等，他们在国际舞台上所扮演的中国形象就是最好的国家形象，其效果远远超出政府部长和驻外大使的作用。

为此,要改变叙述方式,必须改变目前由国家或各省市宣传部门出面,完全使用公共财政资源的方式,而是要调动全社会广泛参与,充分使用市场化 PPP 运作。

如此,在确保政府外宣目标不变的前提下,社会化、市场化还有可能打破各种行政限制,实现跨行业的社会大合作,甚至跨国大合作。

如果我们的推介活动不仅接地气又符合目标国家的公关活动运作习惯和公众欣赏习惯的话,这样的项目和活动不仅能顺利实现对外沟通的政治目标,甚至还可以产生很好的经济和社会效益。

在我的记忆中,中法建交 40 周年中法互办文化年时,法国方面就是这样做的。

法国驻华大使蓝峰(Jean Pierre Lafon)通过我的好朋友杜蒙(Serge Dumont)在中国民间筹集了大量资金并通过这种引入中国民间部门参与的方式使法国在中国的文化年搞得红红火火,在这样的 PPP 跨国组合中,法国政府、法国艺术家和中国民营部门得到了各自所需要的东西,而中国公众则得到了上佳的法兰西文化大餐。

10 年后,也就是在中法建交 50 周年之际,法国政府如法炮制,其“中法建交 50 年庆典”组委会总协调员毕栋(Marc Pitton)的使命就是要将政府的外交意志通过民间的资源动员与配置加以实现。

毕栋上任伊始就对我说,他是没有钱的,但他将整个 50 周年活动搞得那么好,完全是机制上的成功。

我觉得要改变我们对外的叙述方法,法国政府在此方面的经验是否也值得我们借鉴。

第二节
国家形象有效传播的“最后一公里”

如果说对外国家形象传播需要改变叙述方式，那么，对参与这样叙述的中国社会各部门则要切实解决国家形象有效传播的“最后一公里”问题。

要做好对外国际沟通“最后一公里”工作，就必须抛弃那种口号式、概念化的国际沟通，而是牢牢把握住项目化运作的方向，明确项目定位、目标和实施的时间节点和手段。

这种手段自然包括预算等经济和财政支持，如一时没有项目的政府预算支持，做好一份合理的社会融资书则必不可少。

与此同时，在这样的融资计划中，出资企业和个人的回报必须合理，且可兑现，从而在国家对外沟通的平台中实现 PPP 合作最优化。

从到教科文工作的第一天，我就开始琢磨两个问题：

一是如何将教科文的和平事业与中国民间的公益力量结合起来，使双方的正能量叠加，为中国社会的转型发展引入新的源头活水；

二是如何使教科文和平事业为中国公益“走出去”创造新的平台，通过这样的公益“走出去”，使中国的国家软实力和国际美誉度快速提升，完成中国国家形象对外沟通的“最后一公里”。

有鉴于国家和社会各界对中国文化“走出去”的高度关

注，我觉得，纵观上下 5 000 年文明，最有可能被国际社会接受，实现文化“走出去”的是中国独特的生活艺术，如中餐、中医和陶瓷、茶叶、丝绸等。

然而，由于种种原因，相形于中餐、中医等，中国的陶瓷艺术在文化“走出去”方面是明显落伍的。

我说这话的依据，一是看辉煌的过去，在明清时期中国陶瓷在世界上的影响力有多大！二是看今天英国、荷兰、德国和韩国在世界陶瓷界的影响力又有多大！

因此，我隐约觉得让景德镇牵头，用陶瓷文化来完成中国文化“走出去”的“最后一公里”富有价值，且项目内在逻辑关系非常强大：

首先，陶瓷文化是中国的国粹，景德镇是千年瓷都，享誉天下。在海外，china(陶瓷)甚至成为中国的国家名称的英文表述 China，而景德镇更是这种符号的最优体现。

其次，世界上，大凡古老的民族都有陶瓷文化。开展一场以陶瓷文化为载体的不同文化的对话将有着广泛基础，这样的对话首先将覆盖亚非拉发展中国家，而通过这种对话推动新的南南合作，不仅是联合国教科文组织的重点，更是中国外交的重点，对提升中国的国际形象有帮助。

最后，如果这种陶瓷文化对话由景德镇牵头，那么，由于陶瓷文化的普世价值和景德镇美名，再加上中国在陶瓷文化方面的比较优势，活动对受众的吸引力强大，活动的质量和广泛的参与性有保障。

2011 年 8 月，深圳企业家万宏伟先生与我们签署了合作协议，从而使我上述的构想成为可能。

这同时也是联合国教科文组织成立近 70 年来与中国民

营企业的第一份战略合作伙伴协议，协议要点是以陶瓷艺术为抓手，加强中国与广大发展中国家在非物质文化遗产保护方面的合作，其中，景德镇陶瓷学院又是此项活动的主要实施主体。

作为项目策划人，在国际组织、企业和学校三者间的 PPP 国际公益合作中，我非常看好景德镇陶瓷学院的作用，希望学校的中国工艺大师们能为中非青年学生陶瓷文化交流发挥重要作用，并通过这样高端的活动，在教科文组织国际人文合作平台上营销中国陶瓷文化，进而达到中国文化“走出去”的目的。

景德镇陶瓷学院陈雨前院长在第一时间就向我郑重表示，一定会尽全校之力完成这个难得的教科文好项目。

中国工艺美术大师刘远长、李文跃，中国陶瓷设计艺术大师葛军，这三位当今中国陶瓷界的领军人物，他们不仅用炽热的语言更是用具体的行动来完成这样一件中国文化“走出去”的伟大项目。

2013 年 2 月 14 日中国农历蛇年初四，当国人们还在合家欢聚享受春节长假时，三位大师就踏上万里征程，远赴非洲参加中非陶瓷艺术交流活动。2 月 14 日同时也是情人节，我们抵拉巴特机场后不顾舟车劳顿，又驱车 2 小时直奔梅克内斯市，第二天要与那里的传统手工艺学院陶瓷业的师生们交流。

用 70 多岁刘远长老先生的话说，我们之所以要这样拼，为的是会会摩洛哥的情人们——摩洛哥的陶瓷工艺同行。

梅克内斯是摩洛哥的四大皇家城市之一，著名的老皇宫就在此，有摩洛哥凡尔赛之美誉，其陶瓷艺术历史悠久，陶瓷技艺的保护和传承也是梅克内斯各界普遍关心的问题。

然而，同所有传统手工业一样，在全球经济竞争压力下，小作坊式的陶瓷业难以为继。特别是近年欧元区经济危机，传统的欧洲市场进口萎缩，梅克内斯的陶瓷业更是雪上加霜。

翌日，在梅克内斯传统工艺学院开学典礼上，刘远长与他的同行们在赞美世界陶瓷艺术的同时也坦诚表示，陶瓷业在中国也面临着如何保护与发展的问题。

刘大师表示，中国陶瓷代表团此行不是为了传授经验，而是希望在联合国教科文组织的平台上，与摩洛哥同行相互切磋，找到维护和发展陶瓷文化的最好方法。

李文跃、葛军也表示，中国陶瓷具有两千多年的历史，但中国要向世界学习的很多，摩洛哥在保护传统手工业方面有许多值得中国学习的地方。

之后，中国大师们向摩洛哥学生展现中国陶瓷技艺，几块不显眼的泥巴在大师们的手中慢慢变成美妙的作品。

开始很拘谨的同学们，见到大师们手工呈现出来的作品惊叹不已，他们话也多了，胆子也大了，开始与大师们互动，从陶瓷设计、用材、烧制温度到陶瓷工艺的未来等无话不谈。

当同学中有人问，如何成长为陶瓷工艺大师时，三位大师不约而同地表示，“勤奋＋耐心”！

有学生当场表示，希望能做大师们的学生，来景德镇上学。

不少学生说，中国大师们技艺高超，艺术品市场价值很高，大师却又如此低调谦逊，使他们深为感动。

也有学生表示，在传统工艺创作路上，他们快要放弃希望了，但这次中国大师们的一席话，又为他们点燃了新的信念，带来了新的勇气。

为感谢大师们的精彩课程，梅克内斯手工业协会主席阿布杜拉当即向中国代表团发出邀请，希望在他家里设家宴款待大家。

当我们到达他家时，发现他把其他协会的所有行业代表均邀请到了，大家济济一堂，双方就如何保护传统手工业展开了非常热烈的讨论。

品尝着由手工业协会饮食分会主席亲自烹饪的摩洛哥传统风味，大家一起探讨在经济全球化条件下，如何保护传统生活和传统手工业等中摩两国共同面临的严峻问题。

在座的摩洛哥手工艺匠人们接二连三地向我提出建议，希望教科文组织下次组织这样的交流活动时，要安排范围更广泛的中摩两国手工业者的交流活动。

听着摩洛哥工匠们发自内心的建议，我深感此行意义重大，从陶瓷文化入手，中摩之间在非物质文化遗产方面的合作内容太广泛、太有必要了。

结束对梅克内斯的访问后，我们又去了拉巴特和卡萨布兰卡，然后赴突尼斯，访问刚刚庆祝完 90 年校庆的突尼斯国立高等美术学院。

抵达学校时，校长代表全校师生欢迎我们作为 90 周年校庆而来的第一批中国客人。

校长表示，学院建校 90 周年以来，已与美国、意大利、西班牙等国进行过艺术交流，但与中国艺术家的交流，特别是陶瓷工艺的交流比较少，非常欢迎中国景德镇陶瓷工艺艺术家深入突尼斯，与他们切磋交流。

交流过程中，我们发现突尼斯同行在陶瓷工艺现代化方面其实已走在了前头。无论是用材，还是设计图案，表达的主题思想方面均有新意，值得中方借鉴。

由于历史、地理、气候等原因，加蓬没有摩洛哥、突尼斯那样悠久发达的陶瓷手工业传统，但陶瓷同样在加蓬人民的生活中发挥着重要作用。

在加蓬国立艺术学院，师生们对中国代表团的到来表现出极高的热情，表达了更为迫切和具体的交流互动的愿望。

在教科文组织驻加蓬办事处举办的临别招待会上，加蓬总理顾问等政要再次向中国陶瓷工艺大师们表示感谢，认为中国大师到访加蓬非常重要，为加蓬国立艺术学院带来了新的生机，也为加蓬传统手工业文化的保护带来了新的启迪。

2013 年是教科文组织制定《保护非物质文化遗产》公约十周年纪念。10 年前，公约的缔约者明确要求，希望通过成员国在公众、社区、青年之间的合作，加强能力建设，提高遗产保护的自觉性和能力。

以刘远长大师为代表的景德镇陶瓷工艺大师代表团，在不到 20 天的时间里飞行 3 万公里，先后访问了摩洛哥、突尼斯与加蓬，与上述国家陶瓷业的同行们就如何保护陶瓷艺术这一人类非物质遗产文化瑰宝进行了卓有成效的交流。

刘远长大师的“福寿富贵观音手”、李文跃大师的“粉彩唐人诗意图”和葛军大师的紫砂壶特技是这次中非文化对话的特殊语言。

这种朴实无华的手工语言，赢得了非洲青年学生的由衷赞叹，他们表达了一个共同的愿望——期盼与更多的中国艺术家交流，期盼有机会到中国景德镇学习。

不止一个陶瓷艺术专业的学生当场向中国陶瓷艺术大师提出申请，要给他们做助手。

莫哈默德是我的同事,他负责整个交流活动与摩洛哥和突尼斯方面的协调。

他对我深情地说,中国陶瓷艺术享誉世界,中国陶瓷工艺大师此行为联合国成员国纪念非遗保护公约十周年拉开了序幕,是中国对公约的直接支持,特别是在加强青年人在陶瓷手工艺能力建设方面的示范,将成为教科文成员国南南合作的又一典范。

在刘远长一行取道巴黎回国时,助理总干事道维勒先生特意代表博科娃总干事对不远万里赴非洲交流的中国陶瓷工艺大师表示由衷感谢。

他表示,中非陶瓷工艺从业人员的交流,对中国和教科文组织同样都是第一次,但这样的活动非常有意义,它体现了中国对国际社会的新贡献和软实力,树立了新的南南合作样板,也为中国陶瓷艺术在新的历史条件下的发展找到了一条新路径。

道维勒先生的话也让我想起一年前来自摩洛哥、突尼斯与加蓬的 9 名陶瓷艺术学院师生来到景德镇陶瓷学院,进行为期 7 天的对口交流。

中非双方就陶瓷艺术的保护与传承、工艺设计改进、新技术运用和工艺品的市场化等议题进行了深入交流。刘远长、李文跃、葛军等陶瓷工艺大师还现身说法,向三国同行演示了创作过程。

9 位非洲的陶瓷工艺师生都是第一次到景德镇。能来到享誉世界的中国瓷都,与中国著名的陶瓷工艺大师们直接交流,他们感到非常荣幸。我有幸参与了整个过程,当年在官窑三宝举行的结业点火仪式,迄今历历在目。

我还记得所有的非洲陶瓷工艺师生都一一向我表示感谢，认为是教科文组织的平台让他们有机会来景德镇发现伟大的中华陶瓷艺术。

因此，刘远长等三位大师的非洲之行，就是对上次景德镇中非交流的回访和续篇。此次访非活动时间不算长，但各方收获很大，非常值得总结。

在与景德镇工艺大师们的接触中我感到，对中国文化“走出去”最有发言权的还是他们。

刘远长不无感慨地告诉我，中国“陶瓷文化”走出去还得树立精益求精的“精品意识”。封建时代有官窑，对质量要求几乎到了苛刻地步。一窑陶瓷选了又选，不合格的产品绝不能问世。后来是计划经济，政治领先，不计成本保质量。现在是人人都在做景德镇陶瓷，人人都想卖大钱。

如果没有精品意识，也没有政府的有效市场监督和论证，只会良莠不分，慢慢将老祖宗留下来的景德镇牌子做小、做杂、做坏。

刘远长说，这是中国“陶瓷文化”走出去前最先要解决的问题。

刘远长等大师们还认为，他们原来对非洲不是很了解，认为非洲贫穷落后，可借鉴的东西不多。非洲此行，同样也让他们学到了不少宝贵经验，中国在加强保护传统文化的同时，需要向世界各国的陶瓷艺术专家学习，其中也包括向非洲国家的优秀陶瓷工艺艺术学习。

我觉得，我们讲文化“走出去”不知讲了多少年，其实，核心问题就两个，一是如何走出去？二是谁走出去？

如果说借助教科文平台走出去是对第一个问题的回答的

话，陶瓷文化就是对第二个问题的回答。

刘大师对我说，陶瓷艺术是世界上最古老的文化遗产，只要有人类的地方，不管其地域和文化差异多大，他们的祖先都曾发明和使用过陶瓷。因此，陶瓷是人类非物质遗产最形象的载体，也是人类的普世“语言”。

景德镇中国陶瓷工艺大师赴非之行是教科文组织平台上“中国文化走出去”的一次有益尝试，是在通过帮助非洲国家提高保护传统陶瓷技艺的同时，景德镇中国陶瓷艺术顺势做的一个自我营销，也是中国陶瓷艺术与非洲陶瓷艺术对接迈出的“最后一公里”。

由于双方对合作成果的满意，教科文组织还授予了景德镇学院联合国教科文组织“陶瓷文化：保护与创新”教席。

这是中国陶瓷文化教育与教科文组织合作的又一里程碑，将有助于景德镇陶瓷文化完成中非陶瓷工艺对接的“最后一公里”和迈向“一带一路”国家和地区陶瓷文化对接的“最后一公里”。

从上述景德镇陶瓷文化走出去的案例中我们看到，陶瓷文化及其幽雅独特的陶瓷工艺是中华民族灿烂文化的瑰宝，但要在世界范围弘扬这样的文化和生活艺术，必须找到一个恰当的沟通渠道，并借助此完成“最后一公里”沟通问题。

如此，完成“最后一公里”沟通的关键无非两条：

一是要看项目本身的定位、国内外影响力和对参与各方可能带来的好处；

二是要看所实施项目设计时内在的合理性，是否受到目标受众的欢迎？

也就是说，项目是否对外呈现形式简单、深刻，而非笼统抑或晦涩难懂的抽象描述?

是否得到交流国人民,特别是青年们来自内心的由衷热爱和支持?

第三节
学会借台唱戏,讲好中国故事

2017 年 10 月 15 日,在中共十九大召开前夕,法国著名的《世界报》特意用特大号汉字“强国崛起”作为其社论标题,并同时出版一份长长的专门介绍中共十九大的副刊。

在国内,网民们看到法国最有影响力、堪称法国知识界风向标和法国“政治正确”圭臬的报纸,突然一夜间大唱中国的赞歌,并特意用最大号的字体工工整整写上“强国崛起”时,顿时微信群里国人那种数不尽的幸福感和自豪感流淌成河。

然而,在人们纷纷转发法国报纸的社论,广泛传播那中华民族等了一个世纪又 50 年的“强国崛起”四个字时,又有谁想到,文章的内容并没有在歌颂你,而是彻头彻尾流露出那种法国知识分子传统的清高、挑剔、矫情、尖刻与故弄玄虚。

字里行间,你看不到任何《人民日报》社论那样的阳光,感受不到新华社评论员的那种激昂,更听不到央视那种主旋律。

原因再简单不过了,这是法国人的报纸,反映的全是法国人的中国观。

换言之,法国的《世界报》怎么会像《人民日报》那样来表达中国的观点呢?

在网友们表达了那种被法国报纸愚弄和戏弄所产生的激愤后，值得我们思考的是，《世界报》社论毕竟给了我们一个非常好的警醒，它告诉我们，中国要在世界上树立新的有感召力的国家形象，必须学会利用国际舞台讲自己的故事，而不是让他人在他国舞台来随意演绎甚至乱讲中国的故事。

这也是为什么赵启正先生和已故吴建民大使一直倡导要利用国际舞台，用国际表达方式来讲述中国自己的故事，而非继续扮演“缺席的被讨论者”的尴尬角色。

当然，这里最核心的问题还是要学会在国际舆论高地敢于讲中国的故事，并且还是娓娓道来地讲好中国的故事。

由于诸多原因，我们在用国际舞台并以国际表达方式讲中国故事方面还是有比较大的缺憾的，这也是某种程度上导致国际上目前存在对中国和平崛起误解的原因之一。而在中国历史上，能在外国人面前绘声绘色讲中国故事的人家还是有的，最著名的要数“两脚踏东西文化，一心评宇宙文章”的林语堂先生。

林语堂学贯中西，诙谐幽默，其以西方人的方式向西方人娓娓讲述中国的故事，使其成为 20 世纪上半叶中国最杰出的跨文化使者。他写的《吾国与吾民》(My Country and My People)、《生活的艺术》(The Importance of Living)、《京华烟云》(Moment in Peking)完全都是关于中国的故事，却是用的最地道的国际表达，从而完全跨越中西文化之间的鸿沟，使西方人能够加深对中国文化和社会生活的了解。

为此，林语堂曾被西方社会誉为除孔夫子外，另一位最为西方人认识的中国文人。

美国总统老布什曾在 1989 年美国国会演讲时说，林语堂作品所反映的中国文化的观点，至今仍在影响美国政府和人民对中国的印象。

林语堂深受西方社会欢迎的另一个原因是其坦率幽默的笔调、睿智通达的语言和娓娓道来的方法。他的表达没有概念口号，没有猥琐之词，更鲜有刀光剑影，讲述的是中国人的道德、精神状态与向往，以及中国的社会、文艺与生活情趣。

赛珍珠在林语堂《吾国与吾民》一书的序言中写道："它实事求是，不为真实而羞愧。它写得骄傲，写得幽默，写得美妙，既严肃又欢快，对古今中国都能给予正确的理解和评价。我认为这是迄今为止最真实、最深刻、最完备、最重要的一部关于中国的著作。更值得称道的是，它是由一位中国人写的，一位现代的中国人，他的根基深深地扎在过去，他丰硕的果实却结在今天。"

无疑，林语堂是直接用英文写作，并在今天的国际文坛上最为世界所熟悉和敬慕的中国文人。他虽然三次错失诺贝尔文学奖，但他关于中西方文学的造诣无人企及。他既是一代国学大师，也是集语言学家、哲学家、文学家于一身的世界知名学者。

更可贵的是，正当20世纪初叶国人不遗余力将西方文化和文明引入中国之际，他却孜孜以求，不懈地将孔孟老庄哲学和陶渊明、李白、苏东坡、曹雪芹等人的文学作品英译推介海外，向西方介绍光辉灿烂的中国文化。

这也是为什么当我漫步在教科文大楼里，当年出任教科文组织文化部门艺术与文学组主任的林语堂的身影总会时不时出现在我的眼前。遗憾的是，一代宗师早已驾鹤西去40载有余，留下的是任何人无法企及的"两脚踏东西文化"的高超跨文化沟通本领和“一心评宇宙文章”超人文采。

从林语堂的故事我又想到了法兰西学院院士程抱一，他与林语堂先生一样堪称我们这个时代将中国文化与世界对话交流的大家，但用程先生自己的话说，他就是一个中法文化交流与对话的“摆渡人”。

我与程先生的最早接触源于2004年中法文化年，当时我负责安排陈至立副总理在刚刚开办的巴黎中国文化中心会见程抱一和画家赵无极、朱德群及法文《红楼梦》的译者李志华四位客居法国的中国文化泰斗。

程先生用法语讲述中国的文学、美学和历史，其小说《天一言》获得了法国费米娜文学奖。

在小说中，程先生用其娴熟的法语刻画了20世纪30—80年代之间，在中国社会巨变和东西文化交错的大背景下，主人公“天一”在中国追寻人生目的、爱情、自我欲望的实现历程，以及在欧洲接触艺术和音乐的熏陶，东西方文化的差异和交融，浓缩在一个脆弱而敏感的人身上。

“天一”的故事委婉动人，赛过任何政治口号与宣言，是中国故事在西方社会成功传播的又一生动例子。

后来程先生因其对中法文化交流的杰出贡献被推举进入仅由40名法兰西杰出文化贤达组成的法兰西学院，这在法国极为轰动，他也是200多年来进入学院的第一位华裔作家。

如果说林语堂、程抱一是用文字来表达中国人博大精深的情怀和生活艺术的话，作曲家、指挥家谭盾则是用音乐来讲述中国故事。

无论是在联合国教科文组织舞台上，还是在中外文化交流、环境与水保护的公益事业方面，谭盾就像一个鲜明的中国文字符号，其中式着装、小平头和挥斥方遒的手势，活脱一个中国湖南人，但又是一个完全可以被解读、认知和热爱的湖南人，原因就是其流利、诙谐的英语、东西方文明所共识的音乐语言，他的水音乐、鸟鸣声所传递的森林音乐语言，以及这些美妙音乐语言所承载的对世界环境保护的天然与普世的职责。

这也是为什么谭盾的音乐最容易被人懂，谭盾的音乐又那么中国化的原因。

说到保持中国文化本原的国际艺术大师，我觉得，无论从什么角度看，蔡国强应该是最典型的。

也有人说，他是当今中国享誉世界的最“土”的世界顶尖艺术大师。

说老蔡“土”，我丝毫没有失敬之意。

无论是其衣着、发型和讲话的方式，他都让人感到一种朴实敦厚的中国农民，抑或更具体些，就是福建泉州农民或渔民的形象。这一点连他自己也不否认，在上海世博会上他自称“农民达芬奇”。

熟悉老蔡的人都知道，他不会讲英语，用的艺术表现手段也是在中国土得不能再土的炸药。然而，就是这样一个“土人”，用的是“土办法”，几十年来云游天下，成为当今中国在世界装置艺术和火药爆破艺术领域最杰出的艺术家。

无论是外国人，还是中国人，与老蔡打交道时，都会从他的土气中感到一种沁人心脾的芳香。

是的，就是那种只有伟大的艺术魔力才有的芳香。这种芳香超越语言、偏见及所有因文化差异所引起的误解。

老蔡的艺术中国人看得懂，外国人看得懂，老蔡是中国的，也是世界的。

当我每年收到他寄来的贺年卡时，我总会细数一下一年来他在世界各国的巡展数量和在世界各国所产生的强烈的艺术震憾。

这种艺术的震憾体现了中国文化的伟大力量，但它的表述又是世界的，老蔡所有的展览都是应这些国家最顶级的美术馆的邀请而作。他从艺术主题的选择、表达形式，乃至其本人的衣着打扮言语举止，都透现出中国文化的魅力。他是真正的中国文化大使，一个将中国文化元素演绎至极致，又受到世界人民认同甚至追捧的东西方文化对话的使者。

此外，在巴黎还有两位普通的中国文化人，他们每一天都在致力于宣传中国文化，讲述中国人的故事，二三十年来长期不懈，乐此不疲，他们碰巧又都是我的好朋友。

一个是东北小伙，毕业于著名的沈阳音乐学院。他怀抱手中的二胡，向法国和世界人民介绍中国博大精深的民族音乐，用两根琴弦展开一场与西洋音乐的精彩对话，在或万马奔腾或急流直下的琴弦声里，他挥挥洒洒地演绎了一把中国人喜怒哀乐的丰富情感世界；

另一位是四川妹子，大学时主攻法国文学，后陶醉于中国灿烂的中医和气功文化，走遍中国大山名寺，向中国太极各派传人虚心求教。身怀太极功夫的她，在禅宗乐中翩翩起舞，向数不清的法国人介绍中国人的太极观、生命观与气功文化。

这个东北小伙就是我前面提到的法国文化与艺术骑士勋章获得者果敢。从他演奏的曲日及演出时穿的长衫马褂，再到平时生活中的一举一动,他看上去就是一个再典型不过的中国人了——一个实实在在活跃在东西方音乐文化对话中的中国人。

至于那位川妹子就是柯文,她20多年来通过办班、出书、上电视、接受媒体采访,在法国社会各界培育了成千上万的弟子。这些人通过与柯文一起练习太极和气功,认识博大精深的中国太极文化,发现和领悟"天人合一""道法自然"的中国哲学之美。

值得一提的是,她的这些弟子中,绝大多数是法国社会的主流代表,不是大学教授、职业经理人,就是律师、医生、设计师等自由职业者,是中国文化走出去最理想的受众群。

虽然果敢和柯文没有任何中国政府授予的官方身份,但他们是名副其实的中国文化使者,他们拥有成千上万的忠实粉丝(果敢在YouTube的节目,浏览点击超过500万)。他们深入法国社会,深受法国人民欢迎,是法国多元文化的组成部分。在某种程度上,他们已属于巴黎文化地标的一部分,是属于法国的、世界的。

当他们知道我要通过中国文化讲述中国和平崛起的故事时,他们又是在第一时间兴奋不已,为我献计献策。无论是在教科文舞台上让郎朗与小泽征尔钢琴对话,还是在荣军院广场"为了和平,向前一步"的巴黎千人太极和平秀,他们的激情和自始自终无时不在的参与精神,让我内心无比感动。

几十年来,法国面包、牛奶、鹅肝、美酒丝毫没有改变他们俩的中国心,或在更广的意义上讲,改变不了许许多多在法国生活的中国艺术家的中国文化基因。

这些中国艺术家们，如同作家冯骥才所描述的那样，在巴黎殚精竭虑，每天以最中国人的方法向法国人讲述最中国的故事。

在这些故事中，无论是如泣如诉的二胡，还是淡定飘逸的太极，或是其他中国艺术家的其他艺术形式，都让法国人看到了活生生的中国人的生活艺术及中国人那种承载于文化之中的和平基因与和平和谐的哲学底蕴。

中国人的这种和平观在太极文化中不仅形象地体现于人与人之间的和平，更表现为人的肉体与灵魂之间的和平，以及人与自然之间的和平。

试想，接受了这种和平观的法国人，他们还会对当今中华民族在世界上的“和平崛起”产生怀疑？还会相信那些别有用心者炮制的“中国威胁论”吗？

凭心而论，仅以法国为例，如果说赵无极、朱德群、程抱一——中国文化“三杰”为中国文化走出去所发挥的作用是任何中国官方机构难以比拟的话，今天的中国画家严培明、王衍成，钢琴演奏家吴牧野、二胡演奏家果敢、中国太极传授老师柯文同样已接过前辈的旗帜，成为巴黎中国文化的新符号。

要看到，这批没有中国官方背景的中国人，包括许多现在依然在奋斗路上的“文艺青年”们，他们在巴黎借台唱戏，以不同的方式演绎着中国梦和中国人的生活观、世界观，从而使法国人在面对超市里目不暇接的中国商品后，又看到了在法国社会里“中国人”的存在。这种远远超出商品存在的人际接触，不就是我们天天所讲的“文化对话”吗？不就是中法两国人民在新时期所需要的心灵与情感的交融吗？

第四节 建立一支职业化的国际沟通团队

一、"两小儿辨日"及我们眼中不同的世界

《列子·汤问》里有一个《两小儿辨日》的故事,说的是两个小孩就中午的太阳大,还是早晨的太阳大争论不休,最后找到孔夫子断案,但由于孩子们各执一词,听起来又都有道理,居然让孔圣人一时不知说什么好。

在外事工作中,我们都有这样的经验,往往会因为每个人自己所处不同的位置对某个客观事物得出迥然不同的结论,而这种因为国情、文化传统甚至利益的不同而得出的结论不同又是我们在对外交往中经常遇到的问题。

在我从事的世博国际沟通生涯中,有一件事迄今让我难忘。

话说 2010 年 10 月 16 日,上海世博会即将结束前夕的为数有限的一个周末,秋高气爽,正好又是中国的重阳节,世博园区当日入园游客高达 101.53 万人,我们的媒体非常兴奋,认为这是中国组织者又一次创造了世博史上的一个奇迹。

正当园区播音员喜气洋洋地宣布上海世博会的这又一世界奇迹时,我收到了瑞士展馆馆长 Manuel Salchli 发来的短信,它像一桶冰水一样浇得我透心凉。

2010 年 10 月 16 日，上海世博会入园参观者人数突破百万

他是这样写的：

“徐先生，你是我们瑞士馆的朋友，因为是朋友，我要向你说明我们对今天所发生的一切非常不满。这简直是一种羞耻，是对我们瑞士馆办博人员的不尊重，是对参观上海世博会那些观众们的不尊重，不公平！我们不理解，为什么世博会当局要让 100 万参观者进入园区？为什么你们不遵守《世博会注册报告》的承诺？”

“你们让如此多的游客同时进入，让我们瑞士馆难以向这些人提供我们应该提供的服务，让他们失望，也让我们失望。这些人花的是世博门票的全价，他们有权看园区内所有的展馆，而超负荷运营剥夺了他们的权利，这是极不公平的……”

Salchli 馆长的话非常尖刻，让我顿时感到自己像个做错事的孩子面对家长一样，不知如何回答，更不要说辩驳了，因为面对这位参加过数届世博会的元老，我深知我是不能用国情来修改规则的，我唯一做的就是将他对我的警告写入我当天繁忙的办博日记，将他的短信收藏起来，在今后写世博回忆录时再用。

我想，对世博会组织者和上海媒体，人们关心的是100万参观者后面一个又一个世博纪录的产生，这在中国和上海的语境中当然无可厚非，而对国际参展方，如瑞士馆而言，他们需要的是确保有序的参观环境，以便让中国观众在瑞士馆里经历一种舒适惬意的旅行，对湖光山色的瑞士有美好的留念。

相形于组织者所喜欢追求的宏大的参观者数字，国际参展方更关心的是普通参观者的权益，他们购买的是全价门票，相应的服务就应该是不折不扣的，因此，这除了世博运营安全外，又涉及公平问题。

是的，就这件当时貌似谁都没有错的事情，随着岁月的流逝，随着我们与世界沟通的经验的不断积累，我想答案是清晰的，至少在今天我们再来看时肯定会少了那种破纪录的思想，多了对参观者权益和对世博会国际游戏规则的坚守。

这个已过去很多年的例子说明，我们眼中的中国和世界眼中的中国可能是不一样的，由于文化、历史、思维方式不同，同一件事情会得出绝然相反的两种结论，这就如同《两小儿辨日》的故事，需要我们时常能够超越自我，站在一个更高的立场上看问题。

二、如何避免陷入“叛徒”和“骗子”的陷阱

记得2004年4月我离开驻法使馆赴上海办博前，国际展览局秘书长洛塞泰斯(Vicente Gonzalez Loscertales)专门设宴

为我送行。

席间,我问这位曾是1992年塞维利亚世博会国际参展部部长,现今国际展览界的风云人物一个问题,即,如何做好我这个未来上海世博会国际参展部长的工作?

他开怀大笑,用他富有特色的西班牙调法语向我调侃道,说这是一项难以完成的使命,是一个不讨好人的工作,而他刻意提醒我要注意的是,不能在我的同胞面前被视作叛徒(traitre),而在世博大家庭的同事们眼中又被认作是骗子(menteur)。

洛塞泰斯说得很形象,沟通工作的性质就是一种极容易陷入“叛徒”和“骗子”之间的危险的平衡游戏。

事实上,本人长达十年的世博会国际沟通经历和目前所从事的任何一项国际沟通,无情地证明了老洛所说的这种风险无处不在。

首先,当你代表自己的祖国,向国际参展方承诺办一届精彩的世博会的时候,国际社会把你当做是上海世博会的代表,某种程度上也是中国政府的代言人。

然而,一旦当这些国际参展方代表来到中国时,由于从办博理念、方式到各种现实的运营利益冲突,如场地分配、后勤保障、证件办理、安保、馆日活动礼宾安排,抑或展后展馆保留问题等,他们会对中方的任何答复非常在意,任何与《注册报告》中的答复所出现的差异,均会引起他们的警觉或情感落差,并直接会影响到对直接沟通人的看法,你就极可能一夜间从他们的好朋友成为一个忘记饮水思源的人,一个缺乏诚信的人,抑或一个言而无信的“骗子”。

同样,当你的同事们在处理参展方日常参展事务时,同胞们必然希望你以他们的行为方式和中方的利益与国际参展方沟通，在这时候，如果你大讲特讲国际参展方的利益和国际展览事业的利益，你就会被认为“胳膊往外弯”。

说白了，你就不像个中国人，是个“叛徒”。

有意思的是从一个受拥戴的沟通者到一个不受欢迎的调停人，其中的距离，可能是很短的一夜之间，也极有可能是一句不够谨慎的话，一个傲慢的态度所引起的对你善良意图的曲解。

因此，作为一个国际沟通者，如何在国际社会和自己的祖国之间建立一座人与人、心与心沟通的桥梁，它不仅需要的是对祖国的忠诚，对自己所从事的事业的热爱和熟悉，更需要对不同文化的差异性非常了解，享有各方朋友的充分信任和掌握足够的跨文化沟通的经验和技巧，而往往有的时候，这种跨文化沟通的经验和技巧更为宝贵，它使你从没有朋友到拥有朋友，从朋友对你缺乏信心到充分相信，从而为你圆满完成国际沟通使命打好基础。

我以为，作为国际沟通人员，将避免陷入“叛徒”和“骗子”的陷阱时刻警醒自己，从而不断提高自己跨文化沟通的能力，对做好中国与世界的沟通是有益的。

在今天，跨文化冲突管理本身已成为世界各大商学院组织行为学的一门课程，世界不少著名的学者，如荷兰教授霍夫斯塔德(Geert Hofstede)等对文化因素对跨国企业的国际合作影响有较深刻的论述，从本人长年的国际沟通中，似也有如下体会。

(一) 沟通中的语言和文化背景学习

我认为一个优秀的国际沟通人员必须熟练掌握一门外

语，在今天全球化背景下自然是英语，但如能同时掌握第二门外语，如法语、西班牙语或阿拉伯语就更理想。

一门外语就如同一扇了解不同文明和文化的窗户或大门，你掌握得越多，对世界瑰丽的文化多样性就越了解。你能流利地使用越多的语言，越会使你在国际沟通中处于不败之地，甚至如虎添翼。

这也就是为什么联合国等国际组织一直很重视其掌门人的多语种表达能力，如，联合国教科文组织总干事博科娃在其2013年的连任演说中反复流利使用英语、法语、俄语、西班牙语，让195个教科文成员国大使惊叹不已。

还有如我们都非常熟悉的吴建民大使，他的对外沟通工作如此出色，一定程度上受益于他流利的英、法语。

很难想象他与希拉克总统交谈时借助翻译和直接自由沟通的效果会一样？我们也很难想象他在美国常春藤大学的每次演讲，或在CNN和BBC的无数场辩论中用的是汉语或法语，效果与用英语同样好？

有了熟练的一门或多门外语表达基础，将有助于你掌握更多的国际沟通和跨文化冲突管理所需要的技巧，并熟悉相关合作伙伴国家的历史文化，包括一些文化上的禁忌。顺便说一下，这方面的书籍国内书店非常多，平时多看看，增进对不同文化和宗教习俗的理解对工作是非常有帮助的。

最后，需要强调一下沟通中语言表述的准确性问题。

在外事工作中，我们都有这样的体会，一次很好的沟通不仅取决于领导的讲话水平，还要取决于翻译的水平。然而，现实中却时常存在着领导讲话的中文稿水平很高，但翻译没有翻好，甚至意思翻错、翻反的情况。

一些外事部门的领导,由于自身外语水平问题,存在着只重视领导讲话的中文稿,对外语翻译要求不够重视的现象。无论是领导外事出访还是接待,中文讲话稿往往几易其稿,功夫下得非常大,但最终外文如何翻译好却鲜有人问津。

甚至还有一些单位,为举办各种国际论坛,只知道高价从翻译公司聘请翻译,却没有对翻译水平的检测手段,以为高价就代表高质量翻译,这样做的结果,花了冤枉钱且不说,有时还会误事。

总之,在外事沟通中语言的准确性极其重要,是我们对外沟通工作真正的"最后一公里"的呈现形式。没有准确的语言表达,再深刻的思想、再良好的愿望、再美好的愿景都会难以让人感受到,更不用说令人感动与共鸣,从而使双方共同认同所要达到的目标。

(二)沟通中的国际共识确立

常常听朋友们感慨在国际沟通中难就难在国际共识的建立上。

所谓共识,你得先有"识"(想法),后有"共"(一致)。但问题是谁又能来提出"识"?谁又能来建立"共"?

作为沟通者,最好是就某项拟定的国际合作在数位比较熟悉的国际朋友间先放试探气球,听听他们各方意见。对某些可能比较敏感的议题,如果自己出面不方便,可以找第三方朋友去摸底。一个好的国际项目,寻找国际共识往往需要很长的时间,这同时也是沟通者梳理思想,深入考虑各方利益,找到最合适的合作路径的过程。

在工作中,一些人,特别是年轻的国际沟通人员,由于事情紧急,一时对国际共识的建立投入不够、重视不够,或仅仅走过场，或对参与各方利益回报想得不细，这样建立的国际共识就会很脆弱，甚至不排除在过程中有国际合作方不配合（极可能是个人因素），以致于项目推进不顺利，甚至不了了之。

在上海世博会时期，我们有一个城市最佳实验区的展区，这是1851年以来世博史上第一次邀请城市作为参展主体参展的区域，尽管我们对参展的内容和方式有非常大的把握，我们还是举办了许多次国际专家研讨会，让与此议题相关的所有方充分参与讨论，从而确保此项展示的圆满成功。

我在本书中谈到的几个案例，如少林寺武僧团代表教科文组织赴非洲宣传"和平文化"和南京青奥会组委会与教科文组织合作举办世界青年论坛并打造南京青年体育文化和平节，就是确立共识比较成功的例子。

只有与当事方充分沟通，达成共识后，当事各方都把合作看作自己的事，并将自己最好的资源贡献出来，"有人出人，有力出力"，这样的国际合作才能成功。

（三）沟通中的时间把握

在国际合作中时间（timing）的把握很重要，中国人把它叫"火候"，如同烹制中国美食，火候不到菜不熟，火候过了，味道也没了。

一个好的国际沟通人员应该像一名优秀的厨师一样，对时间的把握要十分敏感。一些话什么时候说？什么场合说？如何说都需要认真推敲。

在工作中，我们会发现，一些很好的项目由于表达得过早，火候没有掌握好，没有形成国际共识，"应者寥寥"，项目只好打入"冷宫"，这方面的例子很多，非常可惜。

与此同时，一些好项目则因为时过境迁，过了"火候"，同样也不能做成,如对上海世博会的一些好项目,有些老同事至今还在不懈努力,想推动成立各种各样的后世博国际合作机构,但在世博帷幕降落多年后的今天,国际参展方已“人走茶凉”,项目可操作性已不强,时间已晚。

因此,在国际沟通中要时刻记住时间的概念,在人们思想上尚没有做好准备的情况下,提出的各种合作项目就不成熟,提了也白提;而在时机成熟时没有抓住机遇窗口,则机遇“稍纵即逝”,一个很好的项目就可能会与自己“擦肩而过”。

对于这样的时间把握,需要的是一种职业的洞察力,而这种洞察力的获得则需要多年的职业历练和学习,从而才能悟出什么是“天时、地利、人和”的国际合作“火候”。

(四)沟通中的合理推断

合理推断也叫逻辑判断。

在沟通工作中,我们常常会碰到一些项目,从主客观判断都是件好事,但由于没有建立起合作的共识,或合作的“火候”没到,项目迟迟启动不了,在这种情况下,合理推断很有必要。

你需要扪心自问,这样的合作是否对各方有利?如果回答“是”,那么,你就要冷静分析一下目前不能开展合作的原因和坚持下来可能取得成功的概率。

这种合理推断法对我在上海世博会进行国际沟通很有帮助。

由于世博会的举办在中国是第一次,各界不熟悉。

另外,世博会的特色是活动展示,而展示则需要对世博主题深入演绎。由于人们认识阶段的差异及其合作共识建立的时间差异,我们总是会碰到类似“先有鸡还是先有蛋”的问题,如,巴黎一家闻名世界的艺术空间老板,应邀参加上海世博会中央区域世博轴艺术空间的环境布置竞标，在中方对其方案深表满意后，他就开始全球征集并为此常常往返于巴黎和上海之间。

然而，让他万万没有料到的是，中方对其方案的肯定并没有体现在文字上，有关部门总是在寻找理由或拖延或回避签约问题。

这位法国朋友非常着急，问我怎么办？

我告诉他，要理解中国人的做事文化，特别是充分理解世博会的性质和规律。我的同事对你方案的认可是由衷的，而不能签约的原因很多，首先一条方案还没有到上级领导那边。目前世博局上上下下最关心的是工程进度，对于艺术空间的布置，那是锦上添花后来的事。

因此，在最优先问题没有解决前，怎么可能会解决你的问题？

他听完我的话，马上问我，那他应该怎么办？

我回答一个字“等”！

他又说，那万一等不到怎么办？

我回答说，这是一个非常有意思的问题，但需要我们用智慧来回答。简单的回复就是“那就别等了”，但这不是你我所需要的答案，我们需要的答案是要等并争取等到。

我告诉他，上海世博会是中国第一次，也是发展中国家第一次办的世博会，中国一定会尽力把它办好。而办好的标准中除了参展国家数、参观游客数等政治标准外，还要有明确和高质量的展示内容标准。作为一个世界文化对话的嘉年华，没有文化展示是不可思议的。

因此，批准方案仅是个时间问题，但在上级领导批准前，没有人会愿意向你承诺,更不会向你承诺提供预算支持。

出于对上海世博会的热爱,出于对我本人的信任,这位朋友没有做别的,只是耐心等待,但一等就是一年多,他最终还是熬过去了并赢得了合同和世博会组织者相关部门,包括世博观众对新颖独特的世博轴当代艺术雕塑中心的肯定。

我在巴黎与这位朋友经常走动,我们还会感慨当年的这段世博经历,他感谢我对他的鼓励及对中国运作方式如此透彻的分析,从而使他坚定信心,耐心等待到"瓜熟蒂落"那一步。

然而,他同时又感慨道,很多人不会像他那样幸运地遇到我这样的朋友与他交心,不愿意等的人总是绝大多数,从而为什么在国际合作中总是留下那么多的遗憾……

(五)沟通中的语言表述

沟通离不开语言表述,但如果表述不够清晰,让领导和合作方看不懂,搞不明白,同样无助于合作的进行或深化。

在工作中,同样一件事,由不同的人表述可能会效果不一样,这就体现了语言的魅力和表述的技巧。

人们常说"真理是简单的",这就要求你无论与上级领导还是合作各方沟通,都要用最简洁的语言来描述。但由于项目的复杂性,对一些人来讲用简单的话讲不了项目蕴藏的"深奥"道理,尤其是他们是以"思想逻辑"而非"行动逻辑"来表述项目。

因此,当他们的介绍结束后,你会有一种沉重感和不确定感,而这"双感"是任何领导和国际合作方不愿意看到的。

学会用简单的语言描述项目,就需要你对整个项目的流程想得特别清楚,对可能出现的变量及其管控手段想清楚,而不是“眉毛胡子一把抓”。

因此，在沟通前，做好向有关各方的汇报准备非常重要，要明白什么应该讲，什么不应该讲。在有的时候，不讲会比讲的效果还要好。

（六）沟通中的合作共赢

合作共赢是沟通的最终目标，尽管它不仅听起来冠冕堂皇，又政治正确，但实践起来却是最困难的目标。

在多年的外事沟通中，我看到不少人总是将外事工作“以我为主”挂在嘴上，对合作项目的性质和意义不研究，对国家的相关政策不研究，似乎只要守住自己的“一亩三分地”就是忠实于国家的最高利益。

殊不知，这种将国家利益抽象化或以部门利益替代国家利益的做法，往往有悖于国家最高利益和我们国家当今外交所倡导的合作共赢思想。

回想起在上海世博会期间，个别部门就存在着部门利益高于一切的做法。在这些同事的眼中，内事高于一切，直接主管领导的意见高于一切，至于为什么要努力服务好国际参展方的意义他们并不了解，也不需要了解。

在这种情况下，作为国际沟通者的职责，就是要让他们懂得世博会是国家项目，国际参展方是中国政府和人民的客人，他们是接受温家宝总理的邀请而来到上海的，是为了与中国人民一道共同探讨人类在21世纪所共同面临的城市化问题。

当世博会的同事们最终明白了世博会的性质，他们也就自然而然地觉得，国际参展方满意是我们服务的最终目标。国际参展方展馆的成功，是他们国家的成功，也是上海世博会的成功。优秀的国际展馆越多，上海世博会越精彩，上海世博会就越成功。

这样合作共赢的境界也是费孝通老先生多年前讲的“各美其美，美人之美，美美与共，天下大同”思想。

三、如何敢于担当又善于担当

在许多人的眼里，国际沟通的职责就是向决策者或当事各方传递消息，不涉及沟通者本人就某一问题的担当或决策，因此，在这些人的眼里沟通者就是一种信息的中介服务。

这样的说法在我多年政府外交中也时有遭遇，我发现总有个别非常谨慎的人，喜欢将自己在国际沟通中的角色定位在简单的信息转递员，而非向上级领导提供有担当的决策建议。这种时候，他们总会堂而皇之地将自己的不作为解读成“外事授权有限”，或“外事无小事”，喜欢将担当的责任留给上级领导，甘愿做一个信息转递的“螺丝钉”。

说起“外事无小事”，这话原本是指在 20 世纪 50 年代新中国刚建立的时候，周总理任外交部长时他对外交部全体工作人员的要求，原意是希望外交部的职业外交官们要兢兢业业，在任何外事交往中要遵守外事纪律，及时向上级领导请示与报告。

显然，“外事无小事”的原则精神在任何情况下都是有意义的，特别是由于外交是国家意志的体现，任何人都不能在没有向上级领导请示汇报的情况下擅自对外随意表态和采取任何行动，也就是说落实国家的外交政策必须不折不扣地体现在每个小事的细节中。

然而，在我们的沟通工作实践中，一些人无论是大事小事一概请示，表面上是将“外事无小事”视作外交圭臬，但其实质并非是对外交纪律的尊重，而是有意回避对外沟通的担当责任，从而使那些本该由他们自己担当的对外沟通责任向上级部门推诿，从而使一些本来很好的合作机遇陷入了官僚机构的层层请示中，最终浪费了宝贵的合作机遇。

这方面的例子非常多，赵启正同志曾经多次感慨过，在国际沟通方面不做事的最好方法就是请示。

我们应该看到，与 20 世纪 50 年代的中国外交相比，新中国已从当年被西方集团封锁、边缘化到今天已处在国际舞台的最中央，其无论是外交的形式还是内容都发生了翻天覆地的变化，在这种新情况下，对任何国际沟通人员来说，任何操作层面上的不担当、不作为、不发挥主观能动性都不利于中国外交活动的开展。

就是你向上级领导请示，领导因为不熟悉情况也需要你提供决策建议，故你最终参与决策和担当是不可避免的。

回忆本人所参与的各种重大国际沟通活动，有几件让我终身难忘。这些事情之所以能做成，与沟通者的担当精神分不开，也就说，如果不是承办者敢于担当善于担当，这些事情在中国对外沟通史上本该不存在的。

第一件事，我要讲述的是我的老领导吴建民大使对 2003 年 6 月 1 日胡锦涛主席出席埃维昂 G8 峰会的贡献。

在中国领导人出席多边外交司空见惯的今天，人们难以想象当年中国国家主席第一次参与 G8 会议会有多难！简单讲，一些人脑子里框框太多，不仅社会上，就是外交部内部对如何与发达国家的八国集团对话与合作非常谨慎，甚至可以说非常消极。

在使馆办公会上，尽管吴大使一直力陈时代变了，中国的外交也要变，与八国集团接触和对话对中国外交有利，但仍有个别参赞私下对我说，吴老大是白费劲，胡主席怎么会出席法国人举办的八国集团年会？对八国集团，中央早有定论，是富国俱乐部，我们是发展中国家，部里年年务虚讨论，年年都是否决意见，怎么可能今年突然变了？

果不其然，从 2003 年元月希拉克正式给胡锦涛主席发出参会邀请后，北京迟迟不复。如此，若遇到一个按部就班的大使，事情的发展很可能就是顺其自然，或最多再给外交部发个不痛不痒的"催问"电报。然而，吴大使没有这样做，他召集我们开会，要我们畅所欲言，再次认真研究一下参与八国对话究竟有哪些利弊。

我记得吴大使在会上反复说，八国集团是发达国家的政治磋商机制，而当今的国际事务还是发达国家说了算，与发达国家保持良好的关系是中国的国家利益需要。

他又说，现在时代变了，要看到中国的国力也在不断发展，要在世界上发挥作用，需要更大的政治平台，因此，我们不能一成不变地看世界，我们的一些做法也要跟着变才对。

他甚至多次非常焦急地说过，这次峰会不一样，是希拉克总统出面邀请胡主席的，他同时还邀请了世界上所有发展中国家的大国领导人，如埃及总统穆巴拉克、南非总统祖马、马来西亚总理马哈蒂尔、印度总理拉奥等，并将此次峰会的名称叫做世界发展问题"南北领导人非正式对话会议"。

因此，在这个关系到世界发展大问题的南北国家对话会上，很难想象中国会缺席。

在吴大使看来，中国是世界最大的发展中国家，并将发展中国家的事业和命运看作是中国外交的基石，你不去为广大发展中国家说话，谁替他们说话？

需要补充的另一个时代背景是，2003 年春我国出现“非典”，一些对我别有用心的西方国家媒体，天天嚷嚷要“隔离”中国，而胡锦涛主席上任以后，在国际政治舞台上还没有一次公开的亮相，在西方媒体甚至有人撰写段子“Who's Hu (who)”。

因此，利用埃维昂峰会，与世界各大国领导接触，广交朋友，也是中国外交的实际需要。

同理，希拉克是中国人民的老朋友，邀请胡主席出席峰会态度诚恳，处理好了，不仅对提升中国的国际形象有利，对健康发展中法关系也有利。

总之，在吴大使眼中，参加这样的峰会只会给中国外交加分。

他一方面不断地给国内发电报，分析胡主席与会的利弊，另一方面利用国内高级代表团过境巴黎比较多的“地缘优势”，向这些代表团的首长力陈胡主席与会的好处。

后来的情况表明，这些代表团的领导回国后都将使馆的意见完整地给国内相关部门做了沟通，从而为中央最终决策打好了基础。

为做好胡主席与会的准备，吴大使专门对我说，法国外交部组织赴埃维昂会议打前站，你要去，要把一切礼宾后勤问题搞清楚。

后来，希拉克坚持让总理拉法兰在中国最困难的“非典”期间如期访华，使中法关系患难见真情，体现了中法关系的牢固基础与质量。吴大使利用陪拉法兰访华之际，向外交部和中央领导当面报告想法,建议接受希拉克邀请。

等吴大使再回巴黎时,从其眼神我已估计非常有戏。

但接下来考验使馆的是后勤和礼宾工作,特别胡主席刚刚担任国家主席,我方又非八国成员,怎么安排胡主席都不会有显著位置,而国内对此非常关注。

于是,吴大使找到希拉克外交顾问,也就是刚刚离任的法国驻华大使顾山,希望法方予以重视。顾大使和吴大使本来就是好朋友,对吴大使意见自然格外重视,愣是在礼宾顺序中加入国家人口、GDP 等考量,在与会元首全家福照片中,让胡主席排在希拉克后面,小布什总统和本次峰会共同主席、瑞士联邦主席库什潘之间。

埃维昂峰会是我国领导人第一次出席的八国峰会,实现了我国与八国集团关系的零的突破,对后来我国领导人参与以后的几届 G8 峰会,以及在今天如何参与和主导 G20 峰会均有重要借鉴。

我写这段故事想说明的是外交官的担当精神,在一定的历史条件下是非常重要的。

我真的很难想象如果不是在吴建民大使的担当精神驱使下,全馆上下齐心协力,调动了所有外交官的智慧和积极性,这样的国际盛会我们会不会缺席?

吴大使在法国任满离任时,希拉克总统亲自授予他法国荣誉军团大将军勋章,这是法国总统授予仅次于外国元首的最高荣誉,因为在希拉克看来,吴大使工作努力,任期内为中法外交开拓了许多新局面,其中当然包括胡主席出席埃维昂八国集团会议。

其实,把希拉克的褒奖旁白一下就是在表扬吴大使的担当精神。

第二件事，我要讲的是 2010 年上海世博会联合国展区总代表贝楠对联合国参展上海世博会的贡献。

贝楠是联合国贸发大会的资深外交官，曾多次出任七十七国集团对话大会的秘书长，是一位国际大型活动的专家。他本该在地中海的小岛马耳他享受联合国高官的退休的平静生活，是潘基文秘书长一纸公文让他重新开始繁忙的联合国参展上海世博会的筹备工作。

我俩相识在 2008 年西班牙萨拉戈萨世博会。

他一面参观世博会一面急切地向我了解如何打造联合国馆。他说他会竭尽全力办好联合国馆的，中国应该为邀请联合国参展感到骄傲。他是那种一见如故的外交家，学识渊博，由于其祖籍是伊拉克，他与我谈话时那种同属第三世界的兄弟情义无所不在。

贝楠告诉我，上海世博会是联合国唤起国际社会重视联合国千年发展计划，特别是提出针对气候变化等国际环境问题和提出解决方案的历史契机，同时，这也是联合国作为一个超政府间组织向成员国公众展示其日常工作和寻求理解与支持的历史时刻。

作为联合国高官，他还向我谈到了国际关系中的道德和伦理维度，认为上海世博会将为人类在全球化条件下的沟通起到积极作用。

然而，就在我们积极谋划如何让联合国精彩展示于上海世博会时，我们遇到了联合国参展的法律问题。

根据联合国议事规则，联合国与任何成员国举办任何会议必须与成员国签署一份“东道国协定”，而对上海世博会而言，这份国际协议必须由上海世博局报北京外交部，然后由外交部报送国务院法制局备案，最后再由国务院法制局向国务院办公会议报告并讨论通过后，由国务院总理温家宝与联合国秘书长潘基文签署。

当外交部国际司领导将这样的流程告诉我时，我与贝楠均有一种“不寒而栗”之感，我们都万万没有想到，如此积极支持上海世博会的外交部国际司也是如此恪守繁文褥节，非但没有让我们坐“直通车”，还要让外交部条法司介入，然后报国务院法制局等等。

更可怕的是，按照这样的中国政府起草国际协议的流程，这项与联合国的参展东道国协议至少需要 2 年的时间才能完成，而当时已是 2008 年的 8 月 8 日，负责联合国参展的联合国副秘书长兼人居署执行主任蒂贝琼卡(Anna Tibaijuka)女士将在出席北京奥运会开幕式后，于 8 月 9 日抵达上海，并与上海市委书记、上海世博会执委会主任俞正声会晤，然后代表联合国与上海世博局签署协议。

在这样的背景下，摆在我们面前的有两种可能性，一种可能性是通过外交渠道迅速推动协议的签署；第二种可能性是不签署，原因是在没有得到国务院明确授权情况之下签署此协议会在法律上导致困难。

显然，第一种选项是最佳的，但遗憾的是在技术上同样也是不可能的，不存在任何迅速推动协议签署的手段和政策工具，也就是说在世博会组织者层面上任何人都无能为力。

出于一位国际公务员的高度责任感，贝楠对我说“Doctor Xu Bo, it is time to assume our responsibility(徐波博士，是我们俩担当的时候了)”。

他说，“法律就是法律，是铁的，没有必要再与联合国纽约法律总部商量，他们在任何情况下都不会破坏这样的规定，没有开创任何先例的可能性。同样，你也不必要再难为外交部国际司的朋友了，我们必须寻找新的办法”。

他接着又说，“我们为什么要协议，不就是要为我们接下来不到两年的时间内办展创造条件吗？而这样的办展是技术问题，不涉及到一国主权，也没有必要请贵国中央政府与联合国秘书长签约”。

停了停，他又看着我说，“我们为什么一定要在上海签署东道国协议？为什么我们就不可以签署一个技术协议，保证我们的办博工作按我们的时间表有序进行，然后将有关联合国参展地位、参展人员特权与豁免等外交条款留给贵国中央政府和联合国总部纽约秘书处呢”？

2017 年 5 月在瑞士日内瓦贝楠家中与贝楠合影

贝楠的一番话让我茅塞顿开，我万万没有料到在联合国官僚体制内浸淫那么多年的他居然为了上海世博参展，会如此主动进取、开放和富有担当精神，而这种担当精神不正是源于他对上海世博会和中国人民的那份热爱和信任吗？

我把贝楠的想法报告了外交部国际司领导，大家都觉得是一个不错的办法，先将办博最需要的文件以双方备忘录的形式签署，然后将涉及双方政治和外交层面的关系，如联合国的参展地位、参展人员的特权与豁免等交给中国常驻联合国代表团与联合国总部秘书长来沟通解决。

在我和贝楠一起酝酿起草的联合国参展2010上海世博会的工作备忘录里，双方明确了权利与义务，其中包括联合国感谢中国政府邀请其参展上海世博会并承诺将竭尽全力保证参展质量，而上海世博会组织方承诺将向联合国提供3 000平方米展示空间和300万美元布展与运营费用。

由于这样的备忘录签署，联合国参展按照原计划进行，并在世博会期间成为人气最旺的展馆之一。

我记得个别世博局的同事对我们与联合国签署这样的协议不甚理解，甚至认为不平等，而这些教条主义十足的人根本就不了解联合国的工作机制及其参展对上海世博会的意义，对于这些人我又能说什么呢？

这些议论也让我想起贝楠的肺腑之言，他说在任何地方总是有那么些人或唱高调或以他们手中的所谓程序来阻碍你。

这些人可以是联合国纽约总部的那些法律专家，也可以是其他的人，他们对你所做事的正确性和重要意义并不感兴趣，而只关注他们手中的程序（这些人后来在我教科文的工作中同样也遇到过），但贝楠说得好，他说我们俩的职责是要将世博会办好，这是事情的关键，因此，你我都必须担当啊！

第三件事我要讲的是法国前文化部长雷诺对中法建交 50 周年庆的贡献,更确切地说,讲的是我与他如何上演的这出中法友好沟通的“双簧”戏。

2014 年 1 月 27 日是中法建交 50 周年,当晚,在巴黎最著名的地标建筑“大皇宫”内一出辉煌的“巴黎大皇宫中国之夜”文艺节目吸引着 1.5 万法国观众。

这个节目的策划人是希拉克政府的法国文化部长雷诺,而事情的起因与我有关,原因是在一年前,也就是 2013 年 1 月雷诺在大皇宫的圆厅(Rotonde)里举办其一年一度新年团拜时我对他的“警告”。

我告诉他一年后的 1 月 27 日,将是中法建交 50 周年的特殊日子,我们必须为这个伟大的生日做点事情。

我与雷诺相识于上海世博会,当时他作为法国文化部长来世博会做客,我接待了他并给他做了详细的介绍,后来,我们就成为朋友,我来巴黎后我们俩经常走动,无话不谈。在此,我对他说话如此直接的原因一是我们之间的友谊,二是为 50 周年庆做事显而易见的理由:

第一,这涉及建交 50 周年,对这样的日子我们不能坐视无睹。

第二,十年前,中法建交 40 周年,中国人民记得非常清楚,举世瞩目的埃菲尔铁塔变成中国红,整个香榭丽舍大街交给中国人盛装游行。50 周年纪念日不能没有活动,也不能在形式上落后于 40 周年的活动。

第三,我们都是 40 周年建交日活动的参与者和当事人,我们有道义和职责去做此事。你是内阁部长,更应该做。

然而,我眼前的雷诺毕竟是退出政界多年的隐士,一个与这个伟大节日毫无干系的人。他圆瞪着双眼,看着我,说:"是的,我曾是部长,可我现在不是了! 我与你一样,草民一个。这是个国家的项目,有法国政府、中国大使馆来管,你懂吗?"

我说,你讲得对,也不对,因为中法友好关系到我们大家。为什么作为老百姓,我们就不能为我们各自热爱的国家做些什么呢? 我还对他说,这样的事情,你不做,没有人说什么。做了,也没有人表扬。但它毕竟是 50 周年,是金婚纪念日。这样的机会,人的一生就一次。如果我们俩这次不做,今后一定会后悔,原因是等下次我们再想做时已经来不及了,道理很简单,下个 50 周年庆我们都已不在了……

雷诺看着我,若有所思,他似乎也感觉到这是一种责任。

我进而表示,老天阴差阳错让我来到巴黎,让我们俩在一起,这是人生的机遇,为什么不像 10 年前一样携手做一点我们一生都感到自豪的事情? 为什么我们就不能演一出中法友好沟通的"双簧"呢?

雷诺看着我,又可笑又可气,心想我这个人可真难缠。他对我说,他要去找一下总统奥朗德,他是雷诺在国家行政学院的同学,听听他的意见,这对我们俩的活动有帮助。

雷诺话音刚落,我心里一阵感动。作为一个退休部长,他刻意远离政治,想过一种平静的生活,即法国人所谓的"幸福而不张扬的小日子"(pour vivre heureux, vivre caché),我为什么要让他做这样的事? 我会不会给雷诺在政治上引来麻烦? 会不会给我自己平静的生活带来麻烦? 会不会奥朗德总统对我们的想法感到可笑?

时间过去了一周,雷诺突然打电话给我,要我到他的寓所开会。我一进门,只见房间里已坐满了人。雷诺请我入座,然后兴奋地告诉我总统本人对此活动非常重视，还专门让总统办公室主任和外交顾问燕保罗与雷诺一起对接此事。

总统还在交谈中多次向雷诺表示，法中关系对法国非常重要，他会像当年希拉克庆祝法中建交40周年那样来庆祝50周年的。

然后，雷诺将一屋子的人一一介绍给我，他们是艺术家帕特里克·布尚和雷诺自己的团队，包括他的外甥布里斯和他特别邀请的负责活动后勤保障的公关公司ARTER。另外，音响大师蒂埃里·德雷弗斯、摄影家皮埃尔·吉内也将马上加盟。

雷诺对我调侃道，他能请的人都请了，如果不是子弟兵的话（暗指来帮忙的外甥），至少也是一支志愿军。

他告诉我，布尚是法国优秀的装置艺术家、导演，曾在他决定将大皇宫恢复对外开放时一起策划了几次重大的活动。

一旁的布尚对我说，雷诺是他的老领导，如果不是他，肯定不会有大皇宫的今天。在法国所有文化部长中，他特别欣赏的就是雷诺和雅克·朗格，他们不仅是政治家，也是艺术家、创意家……

就这样，在雷诺的领导下，这么一个被雷诺称为超级制作团队的小作坊开始运作了。我们的创意是要将中国和法国最典型的艺术与法国公众最喜欢的欣赏方式相结合，从而打造出一台“不辱使命”的好戏，配得上中法建交50周年这样一个神圣的日子。

读者朋友肯定从电视和社交媒体网站上看到了这台戏，它由法国著名的马术大师巴塔巴斯（Bartabas）执导的法国马术表演来拉开序幕，然后是旅法年轻钢琴家吴牧野的肖邦《英雄波兰舞曲》钢琴独奏，接下来是中国中央芭蕾舞团的女一号与法国巴黎歌剧院芭蕾舞团的男一号跳了一段法国歌剧《卡门》中的双人舞，再下面是河南开封"塔沟武术学校"的小武术队员风风火火的一段少林拳，最后是上海杂技团的自行车表演，以及 2 000 多名中法青年在电子音乐中狂欢，共度良宵……

让著名的法国马术开道，这是雷诺的创意。他告诉我，要向伟大的中国致意，不仅要用法国骏马给人以奔腾的力量，也要在文化上与 2014 年中国农历马年相呼应，从而表达法国人民对中国文化和习俗的热爱与尊重。

接下来，无论是青年钢琴家吴牧野用钢琴来歌颂中法友谊，还是通过男女双人舞来表达中法友好，相互爱慕，似一对情侣和夫妻，或是法国人民最喜欢的中国少林武术和杂技，以及法国年轻歌手乔伊斯·乔纳森用中文演唱的中国歌曲《茉莉花》，都使整个晚会成为一个奔腾的马术、激荡的钢琴、铿锵的武术、细腻的平衡术及影像、声、光、电融为一体的美妙绝伦的艺术之夜。这样一个极有美学意义的活动，被冠以"中国之夜"的美名。

对于这台演出，法国媒体给予了充分报道，所有电视台、电台、报纸均以"闪电般的"(fulgurant)、"壮观无比"(spectaculaire)、"美妙绝伦"(magnifique)来形容我们的晚会时，我想到的却是雷诺为此所付出的十个多月的艰辛和多少个不眠之夜。

也许，这才是我要讲的真正的中法友好沟通的故事。

是的，雷诺是希拉克政府的文化部长，法国文化界一位标志性的人物，还是共和国总统奥朗德的同学，但我们可能都忘记了，他与你我没有区别，他没有活动的一分钱预算，没有专门的人手,他想做的一切都需要求人帮忙。但最根本的是,他还需要打理好自己的小公司,养活自己和秘书。

说实话,我们是在很不顺利的情况下起步的。

首先,我们在时间上太超前了,因为我们的项目是在2014年1月27日,是中法建交50周年庆的当天。无疑,这将成为中法50周年建交庆典系列活动的第一个节目,而当时两国政府就如何庆祝建交50周年的沟通工作还没有正式启动。要知道的是,法国与中国一样,是一个中央集权的国家,无论是法国的基层部门,还是企业、老百姓,都喜欢看政府的脸色行事。

其次是经费来源问题。

大皇宫庞大无比,布尚和德雷弗斯又是大手笔的大师,加上巴塔巴斯的马术,中国艺术家来法的机票、吃住,当晚的VIP晚宴、安保、场地费等,没有200万欧元的预算根本做不下来。而这200万欧元的费用支出,国家不可能承担。

最后是各种关系的疏通。

雷诺是前文化部长,又当过国会议员,在文化界、政界口碑不错,但这并不意味着他一开口艺术家和企业家们就会“召之即来”。特别是,他面临着如何与中国的艺术家和企业家合作的问题,这其中会有国情、人脉甚至做事方法的差异。

如果要形象比喻当时的处境的话,可以用“三面楚歌”来形容他:一是国家机构对接,二是资金筹措,三是中国未知数。

在这三者中,法国的国家机构需要他在拿出总统的“手谕”时显得非常谦卑,从而让各政府部门觉得这不是总统压下来的任务,而是大家共同的工作。

在寻求法国企业合作伙伴时,他会用当议员和部长时练就的三寸不烂之舌，从战略高度强调参与“中国之夜”的意义。

然而，在与中国打交道时，他显然是一筹莫展。原因很简单，他不了解中国，也没有对话者。

自从孔泉大使5月份奉调回国后，翟隽大使是在2014年1月8日才到巴黎的，也就是说中国在这7个月里在法国没有大使。更严重的是，1月31日是中国农历新年，中国人有在家过年的习惯，让中国的艺术家和企业家来巴黎而放弃与家人的团聚是不可想象的。

但雷诺也不是没有好消息。

戴高乐将军的大孙子伊夫·戴高乐欣然接受雷诺的美意，出任“中国之夜”筹款委员会主席，由其负责资金的公益性。希拉克总统夫人贝尔纳黛特·希拉克专门给雷诺打气，表示大皇宫一直是给人好运气的地方，此次“中国之夜”当然也不例外。当然，最好的消息是构成法国巴黎CAC40指数的40家跨国大企业绝大多数在第一时间确认支持“中国之夜”。

剩下来的问题是与中国对接，也就是我的问题了。在这里我要特别感谢中国文化部外联局蒲通副局长，他是最早表态支持的中国政府官员，并对我多次强调此事意义重大，鼓励我要相信一定会得到中国政府的支持。

著名导演陈维亚在北京歌华大厦内的工作室接待我，一边让助手给我递上一杯浓浓的龙井茶，一边对我满怀深情地说，“想当年，中法建交40周年庆的时候，我就是中国人在巴黎香街大游行的导演。现在是50周年庆了，法国人有这份情谊，我们不能辜负了，我们应该做得更好才对！”

我还见到中央芭蕾舞团的冯英团长，她对我的突然到访表示非常理解，并对能让中芭参与“中国之夜”表示荣幸和感谢，原因是中法建交 40 周年庆时中芭就是重要的参与者，并在巴黎夏特莱剧场专门演出了现代舞剧《大红灯笼高高挂》。有意思的是，我本人碰巧也出席了这个晚会，还与中芭舞蹈演员交谈甚欢。

后来，我又通过中国杂技协会的老朋友宓鲁联系了正在巴黎演出的上海杂技团。通过陈维亚联系了河南塔沟武校。所有的演出单位听说我在筹备中法建交 50 周年庆，谁都没有向我提出要一分钱。

然而，最大的资金问题还是没有解决。

原先以为中国企业也会像法国企业一样拿出一半的资金，即 100 万欧元，积极参与晚会，与法方伙伴共襄盛会。

可怕的是，到了 12 月上旬，中国企业还没有任何愿意出资的迹象。

时间在一天天过去，雷诺像热锅上的蚂蚁，整天愁眉苦脸，有时甚至晚上睡不着觉。他不明白为什么中国企业不愿意出钱。

说实话，我也不太明白，本以为中国企业会冲着中法友谊，或至少冲着“大皇宫”的名气“慕名而来”。

后来国内的朋友点拨了我，问我，你们这样的活动有单位挂靠吗？国内是什么对应单位？哪位国家领导人出席？

朋友说，你连这样最起码的几个问题都回答不了，哪家企业会给你掏钱？

在这种等待奇迹的日子里，我内心忐忑不安，还真有一种对雷诺的负罪感。我担心这次娄子可捅大了，让他在总统和法国人民面前威信扫地，让爱挑剔的法国媒体揶揄，甚至担心中法建交 50 周年庆的第一哑炮会影响到整个庆祝活动，乃至中法未来50年的关系。

在最困难的时候,雷诺找我商量对策,请我喝咖啡。

他对我说,他晚上睡不着觉的时候就会马上想到我,说我是个"魔鬼",害得他魂不守舍。但他同时又笑着看着我说,这一切他都认了,这是非常有意义的事,他谁都不怨。

他说,人活着不能太自私,他能为法中两个伟大的国家做点什么,即使失败了,也是很自豪的。

雷诺越自我解嘲,我越感到心理压力大。我想,解铃还须系铃人,谁让我没事找事给他出这个馊主意的。

于是,我绞尽脑汁,在不失优雅的前提下到处向朋友兜售"中国之夜"。

就在我们像热锅上的蚂蚁一样急得不行时,2013年12月6日,来华访问的法国时任总理埃罗与李克强总理一起在人民大会堂为中法建交50周年庆典活动举行logo揭幕仪式。

一下子,大皇宫"中国之夜"找到了"户口",而且成为整个50周年庆活动的序幕。

更让我高兴的是,文化部外联局蒲通副局长通知我们,中方将由文化部下属的中外文化交流中心作为中方的主办单位,而且,文化部长蔡武还将作为中国政府特使出席晚会。

2014年1月6日,翟隽大使来巴黎履新。

翟大使对"中国之夜"活动非常重视,在他的过问下,"中国之夜"晚会筹办工作更加顺利。

下面的故事我不说大家也都明白。但在大皇宫"中国之夜"的艺术大餐后,我油然想起雷诺每次与我见面时所发的感慨。

他说：“波，如果1月27日晚上巴黎大皇宫是漆黑一片，50周年的庆典只是在中国大使馆或在某个饭店里搞个招待会，你可以想象吗？你可以想象40周年庆埃菲尔铁塔变成红色，香街上中国人喜气洋洋在游行，而50周年这一天，广大巴黎人什么都没有看见、听到，我们两国的金婚纪念是在一种无声无息中度过的吗？”

更可贵的是，“中国之夜”的基调是在庆祝50周年时突出了展望未来50年，2 000名中法大学生是晚会真正的VIP。

雷诺对我说，这样，在这些年轻人到了我们这样的年龄时，他们会自豪地回忆起当年的大皇宫“中国之夜”。他们会说，那是个难忘的中法青年狂欢的夜晚，On y était！（当时我们就在现场）……

是的，阴差阳错，雷诺与我为中法建交50周年做了件“大事”，我数了数，整个晚会上除法国总理外，还有文化部、司法部、法语事务部、交通运输部、住房部、数字经济部、卫生部、贸易部等9名部长或部长级代表，相当于开了个小内阁会议，这还没有算上拉法兰等14位法国著名的前政要和包括希拉克夫人在内的各界名流。

总之，对于这个高达1.5万观众出席的晚会，不仅在大皇宫史无前例，在巴黎的晚会史上也非常罕见。

巴黎工商会有一个叫“双簧”（Binôme）的节目，介绍中法两国如何克服文化障碍取得合作成功的故事，主持人苏小青邀请我和雷诺部长到她的节目上做客。

这个“双簧”节目其实很简单，就是一个中国人，一个法国人，讲他们如何促进中法合作（做成生意），然后让巴黎工商会的企业家们共同分享这种角色和优势互补、克服双方文化差异障碍的成功故事。

自然，我和雷诺的故事对巴黎工商会的企业没有什么做生意上的直接帮助，但在处理中法文化对话方面却有不少可资参考的经验或体会。

用雷诺的话说，在人的一生中，有时要学会说“是”(oui)，生活中一些事情的成功源于“敢做”(oser)。

这里的“敢做”，不就是我们所说的担当精神吗？

我们的故事还被保罗-亨利·莫奈(Paul-Henri Moinet)写入2014年度《双簧》一书中，他在书中用大文豪雨果的诗句来形容雷诺和我的故事：

“世界上最广阔的东西是海洋，比海洋更宽阔的是天空，比天空更宽阔的是人的胸怀。”

2014年1月27日，一个中国人，一个法国人，他们使中法又一次看到两国人民的灵魂是那么的相似！

四、“心地无私天地宽”，抑或“她在丛中笑”

无疑，对外沟通是世界上最美丽的职业，但同时也是一种最困难的职业，原因毕竟是在不同的文化背景下，让那些本来立场不同和追求目标不同的人联合起来，达成共识，并心甘情愿地一起共事，一起去完成一项更为崇高的使命。

作为世界上最美丽的职业，一方面，沟通者需要有丰富的跨文化知识，特别是对其所在专业领域非常熟悉，有崇高的职业威望和人格魅力，否则你不可能赢得被沟通者对你的信任和支持。

说白了，沟通者靠的不是手中的权力，而是看问题的远见

和人格魅力;

另一方面,沟通者本人应该是一个不为个人名利,而是将国家利益和国际社会公共利益放在首位的人,如此你才能被沟通者接受,得到他们的支持。

而正是由于这样的工作性质和职业境界,在每一次沟通成功后,沟通者是不能得到英雄的桂冠的,甚至会没有人知道他(她)所提供的默默无闻的服务,而只能是"待到山花烂漫时,她在丛中笑"。

对于这样的职业境界和胸怀,任何有志于做好国际沟通的人应该非常清楚,否则就会陷入不必要的苦恼。

然而,生活中总会有一些沟通者,他们会自觉不自觉地将自己的工作岗位视作个人在媒体曝光的平台,对自己抛头露面的工作津津乐道,而对细雨润物式的交流和默默无闻的服务缺乏热心,甚至不太适应,不能理解沟通的职业旨在提供一种持续的服务,追求的是淡定,而不是突破,是寻求各种关系的顺畅,并为这种持续的顺畅关系提供有效的长期支持,这就如同拍电影,在整个过程中,沟通者不可能是演员,充其量也只能是个导演、制片人。

这种幕后和线下的工作是职业性质所决定的,而正是这种默默无闻的增值服务决定了沟通者的不可替代作用。

记得在上海世博会时,得到表扬最多的是建设者,因为他们的工作最容易度量。在一块平地上,中国馆拔地而起,作为设计师和建设者,你想不被表扬都不太可能。

其次是安保工作,在园区 184 天里,警卫战士在大太阳下站守在园区的各个岗位,保证展馆安全,观众观展安全,你不表扬他们表扬谁?

最后是后勤保障工作，园区所有的工作人员通勤，游客出入及从饮食布点到各种参观者服务设施提供与维护，后勤工作人员兢兢业业，没有他们辛勤的付出，哪会有一个祥和的世博？不表扬这些后勤工作人员，又应该表扬谁？

至于沟通人员，在许多人看来，他们不是出入外国馆日酒会，就是馆日文艺演出会，西装革履，欢笑连天，整天与其说是在工作，不如说是好吃好喝看好展馆，如此美差怎么还需要表扬？

因此，对沟通人员职业的不了解是再正常不过的了，但沟通人员自身对此要心知肚明，正确对待荣誉，不要有任何委屈感。

要看到沟通工作的本质是平淡，如同涓涓细流，是在每个被沟通人的心弦上流淌，而非急风暴雨，要的是一种细雨润物细无声的效果。

也就说，正是在沟通者的谦逊、善于倾听和愿意成人之美的诚意与魅力驱使下，一座座在沟通者双方或多方心里的沟通之桥架起来了，一个个像中国馆那样在世界各国办博人员心中的文化对话与理解的“展馆”拔地而起了，不可能的事情成为可能，全球化条件下国与国之间的合作又向前迈出了新的一步。

为实现这样宏伟的目标，沟通者需要的是淡定、耐心和恒心，涓涓细流，滴水穿石，不图一时痛快，而是沟通后所要达到的合作结果。

为此，沟通时有时需要“息事宁人”，甚至“逆来顺受”，需要妥协精神，需要“风物长宜放眼量”，不以“一城一池”得失论胜负，要以结果论英雄，要以各方满意为衡量沟通的唯一标准。

在上海世博会时，中国政府总代表华君铎大使曾多少次向我感慨过，外交的真谛就是一门人类的妥协艺术，任何国际合作的成功总是建立在相关各方的妥协基础上的。

世博会的成功只能是国际参展各方妥协与共赢的结果。

不强调共赢，只说中国自己赢，行得通吗？

总之，一个真正的国际沟通者，就应该是一个超越自我，丢弃私心杂念的国际主义者，一个怀有崇高理想的世界公民，一个被沟通者双方或多方所尊重的高尚的人。

为此，我曾在拙作《上海世博会与人类跨文化对话》一书中，将这种沟通者比作不同文明的摆渡人和桥梁架设者。

我同时又觉得沟通者有点像铁路上的“扳道工”，他们的勇气与担当使国与国之间避免误会甚至冲突，也使上海世博会那样复杂的国际文化对话交流项目得以顺利完成。

我在书中特意提到为中美关系发展作出巨大贡献的前中国驻美国大使韩旭，由于韩大使的智慧和勇气，避免了中美两国在上个世纪 80 年代末特定历史环境下如两列飞驰而来的列车险些相撞，避免了一场无谓的“零和游戏”，避免了中美两国两败俱伤。这样的“扳道工”在英语里也叫作“排雷手”(trouble shooter)。

新中国成立近 70 年来，人民共和国培养了数不清的杰出中国外交官，他们通过与国际合作伙伴的真诚沟通，消除误解，使不同文化背景下的人民克服政治制度和意识形态的差异，和平共处。

我没有与韩旭大使直接共过事，但亲眼目睹了吴建民大使在中法文化年、胡锦涛主席出席埃维昂八国集团领导人对话会议和上海申办 2010 年世博会过程中，与国际合作伙伴沟通与对话时的风采，这使我越发感到沟通工作的重要意义。

由摆渡人和桥梁架设者，我还联想到一些外交部老同志常常对我感慨地说过，国家形势变化太大太快，但了解中国又了解世界的干部太少，从韩旭、吴建民等老大使身上，我发现年轻一代最缺的恐怕还是沟通者应该具有的无私胸怀，缺少的是对沟通者职业的全面认识。

显然，与老一辈国际沟通大师相比，年轻一代的国际沟通人员语言流利，学历丰富且文凭亮丽，优势很大，但懂外语未必懂中国、懂中国未必懂世界的例子比比皆是。相形之下，老一辈国际沟通人员，且不说语言流利的韩旭大使、吴建民大使，就是外交部历史上一些不懂外语的老革命大使，他们的国际沟通工作也做得相当之好。

究其原因，懂外语不懂世界者，熟练的英语只会让中国特色国情下的处事为人走向世界，从而让国际对话者们对他们感到丈二和尚摸不到头脑，使中国的国家形象对外传播出现偏差。而不懂外语的老革命却懂世界，他们是用自己的心来看世界，因此能在当年中国外交受围困的国际环境下出色完成国家使命。

回顾改革开放 40 年历程，当年全国各级政府部门相当多的领导都是不懂外语的，甚至许多在国家关键对外沟通部门的领导也是不懂外语的，但他们在那个中国特定的历史阶段发挥了非常好的作用，中国的国际形象是那么容易解读、清晰和富有魅力。

从这个意义上讲，懂外语懂中国懂世界和了解中国在世界格局中的地位和利益所在，是我们每个国际沟通人员的神圣职责。

今天，越来越多的外事部门的领导不仅外语非常流利，有的本人是鼎鼎有名的博士，抑或曾经是大学教授或在国外名牌大学上过学，对外部世界是非常了解的。应该说，这是一批难得的懂外语懂世界的外事沟通干部，衷心祝愿他们能够像韩旭和吴建民那样“心底无私天地宽”，默默地耕耘与奉献，超越自我、心系祖国，从理解与换位思考出发，将中国与世界的沟通工作做得更好。

第五节
迎接教科文组织平台上中国人文崛起的国家新形象

一、美国人走了，法国人来了

2017 年 10 月 13 日，又是个星期五，在这个不寻常的日子，联合国教科文组织执行局经历了 9 位候选人的五轮紧张争夺，最终迎来了法国前文化部长奥德蕾·阿祖莱女士作为教科文组织历史上第十一任，也是第二位女性总干事候选人。

在 24 小时前，美国国务院发表正式声明，以教科文组织对“以色列持续的偏见和内部管理不善”为由，宣布美国从 2018 年 12 月 31 日起退出联合国教科文组织。

美国人走了，法国人来了，全世界的眼球又一次被吸引到了教科文组织，全球各大媒体铺天盖地的各种报道和不断被刷爆的中国微信群，仿佛都在问一个同样的问题：

强大的美国为什么要退出联合国教科文组织？

教科文组织的使命在今天的世界还有什么意义？

在这个黑色的星期五,法国美女还能为世界做点什么?

自然,远在万里以外的中国网民朋友中,也有不少人问我,美国退出教科文组织后中国的机遇与挑战问题。

就在本次教科文总干事竞选角逐激烈进行的时候,我照例与教科文同事们在门外"围观",于是,教科文边上那个叫 Aux Ministères 的咖啡馆,就是我们"自由化言论"的集散地。

与"门内"教科文执行局 58 个国家代表惊心动魄的外交战役不同的是,我们喝咖啡,多了一份谈笑风生,多了一点冷眼向洋看世界的潇洒,但这又好比"围城"内外两重天。我们的讨论分明多了几份惆怅、惋惜、迷茫,乃至来自内心的那一阵阵苦楚。

6 年前,也是在同样的季节,我与许多教科文的同事经历了那场巴勒斯坦国"勇闯"教科文组织大门的外交斗争。当时在教科文组织最大的 1 号厅里,全体成员国围绕"挺巴"还是"反巴",与以美国、以色列为首的部分教科文成员国摊牌对决,最终以宣告巴勒斯坦"入教"结束。那场酣畅淋漓的外交斗争至今让我激动不已。

6 年后,标榜"美国至上"的特朗普总统,以所谓教科文"持续对以色列持偏见"为由,与一个原本 70 多年前由美国政府积极参与推动成立的国际和平组织一刀两断,将一个原本由美国诗人麦克利什用诗一样的语句描述的国际和平事业抛弃到九宵云外。

为此,美国虽然赖掉了 5 亿美元欠款,但其在教科文组织成员国内威信扫地,其一贯标榜的国际价值理念及全球共治思想也在瞬间土崩瓦解。

作为商人的特朗普看到的是有形的 5 亿美元的账上余

额，但他没有，也不可能看到美国由此欠上的教科文组织的理念、道德和情感赤字，而这种情感和道德赤字将大大消弱美国在世界事务，特别是教科文组织所涉及的国际和平事务中的道德权威和领导权威，这是美国所标榜的国家软实力遭遇的重挫；

阿祖莱女士竞选教科文组织总干事成功，使作为教科文东道国的法国成为本次教科文领导班子更替的最大赢家。

按照教科文组织地域轮换原则，本届教科文组织的总干事应该从5组的阿拉伯国家中产生。法国在总干事候选人报名截止期前24小时突然推出前文化部长阿祖莱，在阿拉伯国家中引起不满，认为法国不仅违背联合国组织所在东道国不推荐其国民竞选其所在国家联合国机构首长的君子协议，同时还违背了教科文组织地域轮换的重要原则。这种双重“违背”使阿拉伯国家出任教科文总干事的道路充满荆棘。

无疑，阿拉伯国家是本次选举的最大输家。

由于地缘政治原因，本次投票得票数最高的阿拉伯国家分别是卡塔尔和埃及两国，卡塔尔更是一路高歌，连续四轮第一，但在关键的第五轮，处在第三位的埃及代表将其所有的支持票投向法国，最终卡塔尔仅以两票之差落后于法国，功亏一篑。

从各个角度看，这是一个难忘的星期五，13日，阿祖莱虽然幸运当选了总干事，但她要面对的不仅是教科文在美国退出后5亿多的财政赤字和今后每年22%的预算缺口，更要面对一个四分五裂的阿拉伯国家群体及一个由于误解、偏见和不信任造成的不同文化和文明之间充满摩擦、冲突和暴力的现实世界。

二、美国走了，中国面临的机遇与挑战

美国退出教科文和阿祖莱赢得教科文组织执行局下任总干事提名，外交部发言人陆慷在北京旋即表示，中方重视教科文组织的地位和作用，将一如既往地继续积极参与并支持教科文组织和总干事工作，推进与教科文组织的发展与合作。

显然，美国退出教科文，美国的影响也随之退出。中国欣欣向荣，作为一个崛起的世界大国和在教科文内仅次于日本的第二大会费贡献国，一夜间，世界又把眼光投向中国。

可以想像，中国在教科文内部的话语权将因美国的退出而不断加大，这是中国的机遇。

然而，中国跑在前头，势必要在国际舞台上扛旗，特别是在教科文组织所强调的教育、科学、文化等国际智力合作领域，以及国际和平、文明对话等关乎人类战争与和平的领域，发挥我们的道德引领作用，这无疑对我们的软实力和领导水平提出了新的要求。

我想，这也是习总书记在十九大报告中描述中国大国责任时所说的“大国就应该有个大国的样子”的意义所在。这无疑就是中国面临的新的挑战。

换言之，在国际社会对中国和平崛起的事实越来越积极认同，中国所倡导的“一带一路”国际合作越来越深入人心，世界各国对中国的发展模式和领导力刮目相看并呼唤中国更多的大国担当之时，我们应该在教科文国际人文合作舞台上发挥领导作用，应该实施更多的承载中国和平思想的国际人文合作项目，我们准备好了吗？

作为教科文的创始国，近年来中国在竞选教科文组织执行局主席、大会主席成功后，也积极参与竞选本届教科文组织总干事，但中国在竞选第一轮就出师不利，与获得第一名的卡塔尔和第二名的法国候选人票数悬殊，后来虽几经努力，在接下来的几轮拉票中均没有使局势得到根本性改观，奇迹终究没有出现。

投票的结果让人匪夷所思，无论是中国籍还是其他国家的教科文秘书处职员们，乃至相当一些驻教科文的使节们对我均表示非常困惑。因为，无论是今天的国力，还是中国作为第二大教科文会费贡献国的地位，乃至中国政府对教科文事业所投入的巨大的政治和经济支持，给世人的印象总是中国人要做什么就成功什么！

然而，投票毕竟反映了一种测试，也许它像民调一样不够精确，不能反映事物的全部，但在一定意义上它也在提醒我们，美国人走了，中国要崛起，要担当，但这种领导地位并不是必然的，它不仅需要领导者本身的思想的深化与积累，也需要领导者与追随者在思想、情感，甚至灵魂上的交流与交融。

一位在战略规划署工作多年的老同事对我说，这是无记名投票，你都不知道谁投了你，谁反对你，但这样的投票反映出的才是真正的国家软实力和国际号召力，与一国在世界上的经济实力或给予他国的经济援助多寡都无关，是一次朋友圈内的“涮脸”，看的是你的人脉，体现了那种经济地位所不能换来的国家软实力。

对这位非洲同事的话，我蓦然感到有点“无言以对”，也许他是“以偏概全”，也许他是“话糙理不糙”，从另一个角度在提醒我们，中国在教科文的国际软实力领导力并不是在美国人离开后就一蹴而就，而是需要我们静下心来，制定出更加有效的战略及其措施，以行动来感召成员国，从而真正确立中国的国际人文合作的领导地位。

我想，这也就是为什么我们一定要从占领国际社会道德制高点和在世界上倡导中国和平文化的实际需要角度，去认真评估教科文对新时期中国社会发展的重要战略意义之所在。

三、如何在教科文组织造就一支与国力相符的国际职员队伍

毋容置疑，中国若要在教科文组织发挥世界软实力领导者的作用，第一步，中国必须在教科文组织拥有一支与其国力相符的国际职员队伍。

自从我在后世博加盟教科文组织国际人文事业后，总有热心的领导和朋友问我，如何让他们本人或子女进入教科文组织？如何成为一名国际公益战士？一名令人自豪的国际公务员？

每次我都会从教科文的章程和不同的业务部门说起，然后说到教科文组织在其职员队伍构成中所一直奉行的“会费贡献率”和“地理平衡”相结合的原则，也就是说，一国公民在教科文公务员队伍中的多寡取决于该国对教科文组织的会费贡献和不同地区、国家之间的地理平衡。

说得再直白点，考虑到教科文组织事业的全球性，会费是一国公民在教科文组织任职人数的重要参考，但不是唯一的。

对那些小国、穷国来说，它们尽管会费贡献有限，但它们

也必须有自己的国民来教科文组织任职,从而体现出这一组织的普世性。

就会费问题,《联合国宪章》第十七条规定,联合国组织的会费“应由各会员国依照大会分配限额担负之”。各国应缴纳的会费数额由大会根据会费委员会建议批准的比额表确定,主要根据每个国家的国民生产总值、人口以及支付能力等因素予以确定。

2016 年中国缴纳的会费占联合国会费总额的 7.9%,计 1.96 亿美元,仅次于美国(22%)和日本(9.68%),是联合国第三大会费贡献国。

作为联合国下属的专门机构,中国在教科文组织的会费贡献同样位居成员国第三,而由于 2011 年底美国借口教科文接纳巴勒斯坦国成为其成员国为由,拒绝交纳其年度会费,从而使中国自动成为教科文组织仅次于日本的第二大会费贡献国。

2016 年中国的会费交纳金额占教科文组织会费的 7.9%,即 2 669 万美元。

根据会费贡献和“地理平衡”原则,特别中国是教科文组织的创始国、第二会费贡献大国和世界重要的人口大国,无疑,中国应该是教科文组织职员的主要来源国之一。中国可在教科文组织享有地理分配职位数在 23 人至 39 人,而目前任职的总共才 9 人(总部加地区办事处),在教科文成员国中属于“低代表性”(underrepresented)国家,这一情况与不少非洲国家一样。

此外,在职员职级中,中国除有一位即将退休的助理总干事和一位 D1 级官员外,总体上干部不仅人数少而且职级过低。

考虑到退休原因，在未来几年，中国在教科文组织中不仅面临职员过少，而且还存在职级过低的问题。

针对以上问题，有关方面曾采取过一些措施，但见效不大。我认为要彻底改变中国职员在教科文组织中人员过少、职级过低问题，需要我们从思想上充分重视教科文的作用，在组织措施上要打破部门界线，让有志于国际公益事业的中国青年更多地加入到教科文组织的国际人文事业中来。

我觉得似可采取以下几个方法。

（一）在现有中国大学中开设介绍有关教科文组织的课程

要扩大中国在教科文组织的干部队伍，关键还是要努力和尽快培养出符合教科文组织所需要的干部人才。而由于我国社会发展阶段的原因，相形于一些联合国其他经济与发展组织，在过去相当长时期内，中国提供不了教科文组织这样的国际软实力组织所特需的各种国际人文项目管理人才。

今天，中国全社会普遍重视软实力培育，人才的涌现则完全可以预期。

我觉得，在中国现有的高校如北大、复旦的国政系联合国事务的课程中，要开设一些专门介绍教科文组织的课程，请我们国家现职或退休的资深官员向青年学生介绍教科文的运作方式和干部需求特点。

就教科文组织而言，它共有教育、自然科学、社会科学与人文科学、文化和传播与信息五大业务部门，以及战略规划、外联、人力资源、财务、后勤等其他一些中枢支持部门。

由于每个部门的业务特殊，对干部的需求也非常特殊。在 1971 年中国复返教科文后，一个相当长的时间内中国输送教科文的干部局限于外语或国际政治背景，他们的岗位也较多地在外联、翻译等部门。

随着改革开放不断深入，我们的国际化人才队伍也在不断壮大，中国人进入了自然科学、文化遗产保护、信息化教育、传播与信息和海洋等专业部门，但仍有许多部门，中国籍干部的岗位还是虚位以待。

可以设想，通过开设培训课程，解决人才需求信息不对称问题，也会使国内更多有志于献身国际人文合作事业的青年们在丰富自己知识和技能的同时，为加入教科文组织的人文事业做好职业准备。

（二）承担更多更好的教科文项目或智库责任

当前，中国社会各界对教科文的兴趣越来越大，特别是习主席 2014 年 3 月 27 日在教科文组织发表重要的演讲后，无论是地方政府还是企业，甚至一些个人均跃跃欲试，构想与教科文发展某种程度的合作。

尽管这种合作很大程度上还局限在中方出资，教科文出专有知识和国际网络，是一种所谓的“品牌合作”，但客观上它对干部的培养也是有一定的帮助的。通过参与教科文项目，合作伙伴的干部队伍素质将得到提高，并构成教科文中国职员的预备队。

值得一提的是，中国还是教科文成员国中拥有教科文二类中心（UNESCO Category 2 Centre）最多的国家，共有 11 个二类中心。

就教科文教席（UNESCO Chair）而言，中国也是成员国中最多的国家之一，共有 19 个教席。

无论是教科文二类中心，还是教科文教席，它们都是成员国与教科文深度合作的平台，是教科文智库体系的重要组成部分，用好这些智库并将其作为教科文干部的“蓄水池”，对中国向教科文组织输送干部意义重大。

在这样的研究中心和教席中，由于你已深度参与教科文的项目，并懂得项目的运作和管理，在一定条件下，转战教科文总部就如同地方调中央一样顺理成章。

事实上，教科文中有不少官员就来自这样的成员国干部的“蓄水池”，原因是他们了解所有的情况，当教科文人力资源部进行国际公开招聘时，他们就是有准备、有能力的最佳候选人。

从这个意义上讲，中国在这方面的潜力很大。

环顾教科文各种专业报告、各种研讨会的策划与组织，中国不擅长也不活跃，仅仅满足于出资人的角色。什么时候由中国人牵头写报告或牵头策划和组织各种研讨会，在教科文中，我们的干部就与教科文的干部，作用不分伯仲了。

（三）营造中国社会的“旋转门”

我来教科文后发现，其干部来源无非是两种，政府推荐或本人自荐。

一般来讲，政府推荐有政治任命的性质，系教科文的重要领导岗位，这样的情况不算多，在发展中国家则相对较多见，而发达国家或绝大多数成员国奉行的还是自荐方法。但问题来了，为什么人家自荐能够成功，而我们自荐的成功率比较低?

要回答这样的问题就必然涉及干部的资历与能力培养问题。

教科文属于全球最高的人文合作机构，在学历上至少要求是硕士，当然最好肯定还是博士，并拥有相关领域丰富的从业经验。

在我的教科文同事中，不少人往往最初是从教科文的咨询顾问或短期合同承担者开始其相关职业生涯的，或在相关领域有丰富的职业资历，如在自己的国家承担文化遗产保护、自然科学研究、教育科研等项目的重要责任，与教科文存在着密切的合作关系，一旦教科文有岗位公示，他们就捷足先登。

反正应聘教科文岗位没有次数限制，一次不行来两次，只要真心热爱，总有岗位与自己最匹配的时候。

从一定意义上讲，是成员国社会的"旋转门"不断向教科文输送着这样的干部，如我所知道的教科文组织的自然科学二任助理总干事，第一位是在中国成都大学中任教的美国老师，第二位是曾经在上海负责其所在的国家与中国开展医疗卫生合作的前欧洲某国卫生部驻华官员，后她自己又开了咨询公司并以其咨询公司创始人的名义竞聘。

如果套用我们国内现行的干部管理制度，她们的级别都不高，渠道也不正，但她们通过竞聘后就成为堂堂正正的教科文分管自然科学的助理总干事。

我觉得要在根本上解决中国在教科文的职员问题，我们也必须建立中国社会的"旋转门"，让整个国家和全社会与教科文事业对接，让人才快速流动起来。

如此，看上去是有关部门少了自己的一亩三分地，但中国社会参与教科文事业就会出现新的活力和新的天地。

我记得刚到教科文时，师淑云大使就对我说过这样的话：

国家应该在这个问题上放开，只要是爱国的中国人，"英雄不问出处"，就要支持他们的竞聘，同意他们占用中国的地理分配名额。他们个人成功了,就是国家的成功,毕竟中国与教科文的国际人文合作是由他们来完成的……

四、在教科文组织平台上提高国家形象对外传播的效果

我曾在前面第一章提到我与前中国驻教科文组织代表张学忠大使的谈话,及他对我强调教科文组织国际使命与中国现阶段国家使命的契合性。

由于信息不对称,国内不少人对教科文组织的使命不甚清楚,更不用说如何用好教科文平台传播中国形象。

人们习惯于用国内人大或政协体制中的科教文卫来对应教科文组织的工作,最了解和关心的莫过于文化遗产,除了文化遗产外,对教科文各种对中国软实力提升有帮助的现行项目缺乏一定的了解,这多少令人有些遗憾。

1. 教科文转型社会管理(The Management of Social Transformations)计划,简称 MOST 计划,创建于 1994 年,是教科文组织社科部的一个重要项目,其宗旨就是要通过与政治决策者、社会各界、科学家和知识界、公民社会一起通过分享研究成果和信息,使成员国所面临的各种社会转型更趋向积极。

它的工作支柱是由 35 国组成的政府间委员会及其举办的政府间论坛、各种社会与人文科学研究和跨学科国际合作,及成员国各种 MOST 学校、实验室、大学、教席等网络。

中国与世界所有国家一样面临着史无前例的社会转型,对于我们所面临的各种社会问题,如城市化、农民工问题、二

元经济与社会结构、贫富差距等，应该广开思路，集全世界智慧来找到更多的解决我们社会转型各种问题的方案。

同样，当今世界所面临的各种社会转型问题也需要中国的解决方案，如果中国与教科文成员国合作，特别是具有相同发展水平、人口规模的国家，大家共同研究，群策群力，对共同找到解决方案有帮助。

如此，这也是中国对世界发展问题的具体贡献。

我曾试图推动在教科文内部“金砖五国”在 MOST 计划方面的合作。我考虑一是“金砖五国”元首在 2011 年 4 月“三亚会晤”时曾明确表示加强五国在联合国教科文组织内部的合作；二是五国的经济、社会发展情况与中国有相似之处，如能推动围绕社会转型的合作，集五国之智慧，可以为中国的社会转型引入“他山之石”和政策考虑的新思维和“源头活水”。

我的想法当时在国内得到许多领导的认同，其中包括高尚全先生的支持。

高老 40 年前就投身中国的改革开放研究，是老一辈国家经济社会政策研究泰斗级人物，他的鼓励使我认识到引入教科文社会转型研究对我国社会转型具有重要意义。

后来，我还在海口见到中国体制改革研究院(海南)院长迟尚林先生，他同样对这样的研究充满兴趣。因为，40 年前中国的改革最初是在经济领域开展的，接下来的改革和我们现在面临最多的问题都是来自社会领域。

因此，对任何有志于中国发展研究的学者来说，集世界智慧来研究如何管理中国目前的社会转型问题，总是一个会让他们兴奋不已的好话题。

2.《水下遗产保护公约》是教科文组织目前负责缔结和管

理的世界六大文化公约之一，遗憾的是，在六大文化公约中，我们最熟悉的是1972年的世界遗产保护公约和2005年世界文化多样性公约，而最不熟悉的可能就是这个《水下遗产保护公约》了。

该公约于2001年签署，它对水下文化遗产进行了明确定义，即规定至少100年以来，周期性地或连续性地，部分或全部位于水下的具有文化、历史或考古价值的所有人类生存的遗迹，如遗址、建筑、工艺品、人的遗骸、船只、飞行器，及有考古价值的环境和自然环境等为水下文化遗产。

公约强调水下文化遗产与陆地上的人类文化遗产一样，都是人类文化遗产的组成部分，所有国家都应负起保护水下文化遗产的责任。

在强调对水下文化遗产的保护，防止对水下文化遗产进行商业开发时，公约鼓励缔约国之间开展水下考古、水下文化遗产保存技术等方面的交流、培训及保护技术转让等方面的合作。

目前参加此公约的国家有56个，中国不是签约国。

也许在2001年，即16年前中国对水下文物，包括对海洋对中国经济、社会、安全利益的重要性的认识尚不够清晰，那么，在海洋已成为国与国之间争夺的新边疆的今天，特别是中国政府早已提出建设“海洋大国”的国家战略，习近平主席2013年在印尼国会演讲时向世界发出“海上丝绸之路”的政治倡议背景下，我们是否要研究加入这一公约的必要性？从而像法国等海洋大国那样加入此公约并在其中发挥重要作用？

需要说明的是，当年郑和7次下西洋，在传播友谊种子的同时，也因为海上风大浪高，沉船折戟时有发生，从而为海上丝绸之路的海底世界留下了无数中国的文物。

在今天重提海上丝绸之路之际，用好这些水下文物，无论是对其的发现和保护，还是对与沿岸人民之间的友谊与合作，加强青年在海洋文化方面的交流，以及对提升中国在这些国家人民心目中的和平崛起形象，都应该有着积极的意义。

3. 从《水下文物保护公约》，让我自然联想到教科文组织的海洋委员会（Intergovernmental Oceanographic Commission），简称海委会（IOC），它是联合国教科文组织下属的一个促进各国开展海洋科学调查研究和合作活动的国际性政府间组织，于 1960 年 11 月成立，宗旨是通过会员国海洋科学调查的合作，增进人类对海洋性质和资源的全面了解，从而更好地服务于人类的海洋事业，特别是在面对今天海洋生态多样性保护、海啸等海洋灾难预警及在全球气候变化条件下海洋所带来的一系列挑战的情况下。

作为世界上唯一的政府间海洋科研合作组织，海委会对我国在建设“海洋大国”方面的作用是不言而喻的。

张学忠大使曾向我讲述国家海洋局是如何看重海委会的作用的，我本人也深深感到，国家要做好海洋的大文章，海委会有许多资源可为我服务。

当年我策划凤凰卫视与海委会联合举办“同一地球、同一海洋”的专题电视辩论会时，海委会同事对中国在联合国海洋事业上的作用非常看好，非常欢迎有更多的翁以煊这样的航海爱好者加入到海委会的海洋事业中，其中包括向中国、亚洲和世界青年宣传海洋文化，如在每年 6 月 8 日的世界“海洋日”，向青年一代介绍海洋知识，培养他们爱海洋的自觉行为并在将来投身于海洋研究、造福于人类的事业中。

碰巧我的老朋友、上海世博会联合国展区总代表贝楠先生就是联合国资深海洋专家,现在他还是联合国马耳他海洋大学的名誉校长,他对我经常说的一句话就是要重视 21 世纪蓝色经济问题。

他说,中国要建设海洋大国,海委会是国际海洋科学调查与科学研究合作方面的领导者,加强与海委会的合作,对提升中国海洋大国的地位有帮助,对解决中国海洋资源保护,特别是沿海地区海底生物圈修复意义重大。

4. 把握好教科文国际公益活动的"时刻表"。从 6 月 8 日"世界海洋日",我马上想到了教科文组织各种各样的公益节日,它们中从海洋节、哲学节、教师节到爵士音乐节,林林总总,几乎到了各种公益事业节日应有尽有的地步。

然而,我发现一些好的国际公益时间节点我们没有抓住,不知道在节日时搞活动,而往往喜欢在一个无关的时间节点自己单打独斗。

我想,如果我们懂得像诸葛亮那样在国际上"借东风",利用好国际公益节日的各种"时刻表",特别是利用好这一特定时间节点的国际媒体关注度,对我们向世界传播中国在此特定领域的国际公益形象应该是大有帮助的。

例一,5 月 21 日"世界文化多样性促进对话和发展日"。

2001 年 11 月,教科文组织通过其《世界文化多样性宣言》,随即联大在其 57/429 号决议中欢迎这一宣言,宣布每年的 5 月 21 日为"世界文化多样性促进对话和发展日",并鼓励世界各地的个人和组织采取具体行动,支持多样性,以提高来自不同文化背景的人民之间的了解和合作。

“世界文化多样性促进对话和发展日”的设立，为国际社会提供了解人类文化多样性的价值和学会更好地生活在一起提供了历史机会。

中国是世界文化多样性大国，支持文化多样性也是我国外交战略的核心理念。

作为中国外交官，我曾较长时间跟踪过中国政府当年在教科文组织与法国政府共同推动《世界文化多样性宣言》。

作为希拉克的文化部长，雷诺就是今天与我见面聊天，也总是忘不了谈及当年中法联手推动2005年教科文组织的《保护和促进文化表现形式多样性公约》的情形。他甚至告诉我，当小布什意识到希拉克推动此公约将严重削弱美国在世界的一超独霸地位时，又是如何打电话给希拉克威逼利诱，压希拉克改变念头的。

因此，这个伟大的公约在当时一出台，其外交战略意义已远远超出其文化领域的影响力。

这也是当年希拉克总统与中国政府合作所制定的“冷战”结束后在全球化背景下的第一个具有“多极化”意义的国际战略文件。

由于我参与推动尼山世界文明论坛与教科文组织的合作，作为朋友，我也自然成为每年五月尼山论坛的嘉宾。

尼山论坛在每次论坛期间都要安排点纪念活动，为“世界文化多样性促进对话和发展日”做点事情，如每次都要发表个声明，举办专题论坛、青年集会。记得还曾有过一个“文明对话纪事鼎”的揭幕仪式，很有特点，接地气。

其实，文化多样性不仅是中华民族的特点，也是中国外交的软实力与国际形象对外沟通最容易讲故事的部分。这样的文化多样性既可以体现在艺术、戏曲、音乐、绘画、手工艺方面,也可以体现在衣食住行的生活细节或生活艺术中。

环顾中华大地,文化遗产保护从未像今天这样得到重视,各种项目几乎是雨后春笋。各级地方政府、企业、机关、学校,甚至许许多多个人都愿意为弘扬中华文化多做贡献,有不少地方政府还希望通过这样的努力来提升其地方文化遗产的国内外影响力,甚至想据此申请列入联合国教科文组织的世界文化遗产名录中。

我觉得在众多文化遗产推介中,假如我们能把握住 5 月 21 日的时间节点,将自己眼皮底下的文化遗产融入"世界文化多样性"这样的战略意义,推介活动就有了新的大格局,如有关部门一直希望将太极和中餐列入教科文组织的文化遗产,但却在宣传手段上习惯就事论事,没有与文化多样性日挂上钩。

如我们巧借文化多样性日的东风,无论是太极还是中餐,均已不是一种简单的文化遗产或生活艺术形态,而是从匠器面超越为精神层面的东西,成为中华民族在世界灿烂的文化多样性花圃中的两朵奇葩,是中华文明对世界文明及世界和平发展的两大贡献。

无疑,这样富有爆发力的宣传,在国际社会的语境中,对太极和中餐申请加入教科文组织的文化遗产名录都有巨大的帮助。

例二,9 月 21 日"国际和平日"。

2001 年 9 月 7 日,联大通过 55/282 号决议,决定自 2002 年起每年的 9 月 21 日为"国际和平日"。

联大决议要求国际和平日应成为全球停火和非暴力日,

并邀请所有国家和人民在这一天停止敌对行动，并要求所有会员国、联合国系统各组织、区域组织和非政府组织以及个人以各种适当方式(包括教育和公众宣传)庆祝国际和平日并同联合国合作实现全球停火。

自“国际和平日”设立以来，联合国每年都会在这一天举行仪式并敲响和平钟，邀请艺术家和教育家等作为和平使者出席纪念活动，联合国提醒所有人关注、庆祝和纪念这一日子。同时，各国政府、非政府机构、民间社会和宗教团体也会举办纪念活动庆祝这个日子。

然而，让人颇感意外的是，这个联大通过的“国际和平日”在中国远没有5月21日“文化多样性节”有影响，甚至比不上6月5日联合国环境规划署的“世界环境日”，或世界自然基金会(WWF)在每年3月最后一个周六晚上停电一小时的“地球一小时”活动。

说实话，如果不是参与教科文事业，我自己对此节日也不清楚。偶尔在中国媒体上也有关于和平节的报道，会举办一些座谈会，但如此重要的世界和平节却没有发挥它应该发挥的作用。

如我在前面章节中反复提到的，和平不仅对当今世界非常重要，而且对处于和平崛起过程中的中国社会非常重要。

我们需要用好“国际和平节”，对内教育青年，保卫和平，防止战争，对外用来塑造中国的世界和平形象和诠释中国和平崛起的历史文化传统与哲学基础。

于是，从2013年起，我与中国世界和平基金会李若弘主席一起，每年举办一起别开生面的和苑“国际和平节”庆祝活动，邀请来自中国社会各界代表、外国留学生代表、中国青年学生代表等出席集会，以表达对世界和平的支持与守护。

人大常委会副委员长何鲁丽每次都有请必到，马达加斯加驻华大使作为驻京外交使团团长每年出席我们的活动，吴建民、白岩松出席了第一届和平节活动，还有许许多多社会名流，每次无论是集体放飞和平鸽还是各位来宾的发言均给我留下难忘的印象。

其中，我印象最深的是北京实验中学一位女学生的发言，她讲的是 2014 年英格兰公投脱英和 2015 年日本驻华大使呼吁中日要回到“共同感动”的发言。

2017 年 9 月 21 日，在北京加拿大中学庆祝国际和平节

例三，11 月 16 日“世界宽容日”。

1996 年，联大根据教科文组织 1993 年全体大会通过的《宽容原则和后续行动年声明》，决定每年 11 月 16 日为国际宽容日。碰巧，这一天也是联合国教科文组织的成立日。

随着全球化势如破竹地不断向前发展，在商品、劳务、技术、资金不断全球化时，全世界出现了人类历史上史无前例的人员和思想的大流动，如，仅 2016 年，中国一年出入境就有 1.2 亿多人次，全世界有 12 亿人次。

据估计，2025 年中国将有 10 亿人次出入境旅游，全世界将有 18 亿人次加入国际旅游。

在这样的流动大军中，他们所到一处就会形成一个新的社区，带来一种新的文化、语言和生活方式。

当他们为观光而来时，他们就是国际观光客；

当他们为学习而来时，他们就是留学生，或访问学者、教授、实验室研究人员；

当他们为企业合作、贸易合同而来时，他们就是穿梭于国与国之间的国际商务人员；

当他们为工作和生活而来时，不管是出于技术还是投资原因，他们就是各种各样的国际新移民，是他们所在国家的新国民。

据联合国 2015 年的统计数字，全世界当年的移民人口是 2.44 亿，也就是说几乎占一半的欧盟人口，占四分之二的美国人口，在这一年里从一个国家到另一个国家工作，因此，也难怪国际社会将 21 世纪又喻为人类移民大世纪。

在如此席卷世界的滚滚人流中，大批外国人的涌入必然是对原住民文化的冲击或丰富。

在法国，如果将所有外国移民及其后代统计在内，即源于移民二代或父母一方至少有一方是外国公民的话，这样的法国居民达到 540 万，达到全国人口的 20%。

然而，法国的数字还是欧洲的平均水平，最高的是卢森堡，占全国人口43%的卢森堡居民出生于卢森堡之外，他们或本人就是移民或是移民的第二代。

在瑞士，这样的外国移民或移民后代已占瑞士全国人口的三成。

需要指出的是，在这个世界人民大迁徙的奥林匹克中，获得世界移民总数前三甲的还不是法国、瑞士和卢森堡，而是美国、德国、俄罗斯。

接下来是海湾国家。卡塔尔文化部长 Al-Kawari 告诉我，在他们全国260万人口中，真正的卡塔尔人才31万，只占全国人口的11.9%，成为真正的"少数民族"。

这真是个不可思议的时代！

世界范围的移民潮带来技术和劳动大军的同时，也带来了他们不同的生活习惯及宗教文化。

在法国的穆斯林，即来自北非阿拉伯世界的法国移民及其后代已高达470多万，占全国人口的7.5%。德国穆斯林有420万，占人口5%，英国是290万，占人口4.6%。

在这样复杂的世界大移民时代，我清楚地记得希拉克总统当初强烈反对小布什对伊拉克动武的重要原因之一，是不能因为开战引起西方与伊斯兰世界新的文明冲突，消灭了一个萨达姆，催生了1 000个小萨达姆，而这些小萨达姆就可能生活在欧洲的阿拉伯移民社会里。

为此，我们也就不难理解为什么联合国要设立"国际宽容日"？

为什么宽容对全球化条件下的世界和平有如此重要的意义？

遗憾的是，由于信息不对称，这个始于1996年的联合国

“国际宽容日”并没有引起中国社会和有关方面的足够重视，并把它视作从道德理念上向世界说明中国和平崛起的重要契机。

我曾向国内一些做文明对话的民间智库或宗教团体的领导提起这样的节日，他们都表现出极大的兴奋与兴趣，非常认同我在教科文平台上将中国的传统和平理念和哲学思想向世界传递，如将中国传统的“儒、释、道”的“和平与宽容思想”与基督教、犹太教、伊斯兰教的“和平与宽容思想”在这一天进行对话。

想象一下吧，我们在教科文组织一号大厅里，由凤凰卫视转播这样的对话，这对在世界上树立中国的和平对话形象是多么有意义的一件事啊！

五．迎接中国在世界人文领域崛起的国家新形象

如果将中国对外国家形象传播看作是中华民族与世界各国人民就人类前途与命运的一次推心置腹的“谈心”；

一个向世界不同国家与文明就在全球化条件下人类和平与发展问题的中国“应标”方案；

抑或在人类面临继续全球化，还是反对全球化或逆全球化等大是大非问题上中国人民的一项担当工程，一种观点，一种解决的可能性；

那么，我们需要传播或世界需要迎接的中国新的国家形象必然建立在对上述诸多严肃问题的深刻思考之上，是中华民族在对世界做出经济、政治、文化及各种传统生活艺术的重大贡献后的人文思想和道德力量的贡献。

(一) 向世界传递中华民族宽容的美德

来过教科文巴黎总部的朋友都知道,在巴黎教科文总部院内有一个“宽容广场”(Square of Tolerance),它是以色列雕塑家 Dani Dikaravan 的作品,广场很小,始建于 1996 年 5 月,只有几张乒乓球桌的大小,中间是一颗来自耶路撒冷的橄榄树,边上矗立着一块洁白如玉的白墙,墙上是用英、法、西、中、俄、阿、希伯来等 10 种语言记述的教科文组织名言:“在人之思想中筑起保卫和平之屏障”。

记得习近平主席 2013 年 3 月 27 日在教科文组织发表历史性讲话时,专门提到了这座白墙,并特意援引了上面的这句教科文座右铭。

2014 年夏与白岩松在教科文和平墙前留影

这个“宽容广场”也是以色列政府赠送给联合国教科文组织的国礼,用于向献身于阿以和平事业的以色列前总理拉宾等世界所有信仰宽容、致力于对话与和平和解的人们。

美国历史学家亨德里克 · 威廉 · 房龙(Hendrik Willem Van Loon)在其著名的《宽容》一书中说到,要“宽容,容许别人有行动和判断的自由，对异于自己或传统见解的观点有耐心与公正的容忍”。

事实上，对于宽容文化而言，在世界民族之林中，像中华民族那样的宽容、大度、虚怀若谷，甚至以德报怨的民族和文化是非常罕见的，而正是这样的一种非凡的精神和胸怀，中华民族上下五千年文化才可能绵延至今，并成为世界古老的四大文明中唯一香火传承不断的伟大文明。

我们有必要将这方面的沟通素材用好，向世界讲述“中庸之道”的中国哲学精髓，通过从哲学理念上与世界的沟通，让世界不同文明的人懂得，中国人早在 3 000 年前的“六经之首”的《周易》中就明确倡导“厚德载物”的文化理念，强调君子应该像大地那样以宽厚之德容载万物，以及 2 500 多年前中国儒家思想的创始人孔子就教诲其弟子“己所不欲，勿施于人”的做人道理。

在中国人的文化中，对人宽厚、换位思考是一种与生俱来的人生哲学，正是中国人的宽容与包容精神，使古代的长安会成为世界最大的都市，吸引着世界各国不同肤色的人在那里共同和谐生活，以及在抗日战争结束后，无论是中国共产党领导的政府，还是当时国民党治下的南京政府都同意对日本放弃战争赔款。

在全球化的今天，讲述中国传统的宽容文化是非常重要的，因为宽容不仅是国际社会的主流价值观，也是联合国各项决议中专门提出的对成员国的期许与要求，其原因非常简单，如果没有这种精神，在一个由于现代通讯和交通技术高度发达而使世界不同文化的人与人之间处在无时无刻的超级对接时，任何由于偏见、误解、不信任所造成的言行均会引起不同的族裔、社区、文化、民族之间的紧张，甚至武力冲突，包括流血与战争。

我想，学习中国传统的宽容与包容文化，并以这种中国和平哲学武装我们，使中国社会的所有人在伴随国家与民族的和平崛起的过程中，不仅是充满激动和自豪，更要有自信心，更要有海纳百川的胸怀，从而在处理国际事务时少一份急躁，多一份平和，少一份悲情，多一份淡定，少一份怒气，多一份宽容。

在从中华民族的灿烂历史中寻找到前进的力量的同时，我们也要看到，如同生活中的故事一样，无论是作为一个崛起的民族还是作为一个奋进的青年，人们对你投来的眼光要么是好奇，要么是猜疑，而如同奋进的青年需要以身作则，用思想和行动来赢得周围人们的认同和接受一样，一个民族的进步同样需要那种宽容、敦厚及孔夫子他老人家讲的那种"仁"爱之心，那种吃亏精神，那种虚怀若谷。

有鉴于中华民族的和平崛起涉及世界的五分之一人口，无论是对中华民族本身，还是对全人类都将是人类文明史上一个史诗般的事件，而正是由于中华民族光辉和苦难相兼的历史和我们所处的全球化时代，这样的崛起必然是文明的崛起，一种给世界带来温暖和爱心的崛起。

要知道，宽容和包容并不是崛起的中国懦弱与无能的表现，更不是积弱积贫时中华民族的那种习以为常的委屈与忍让，相反，它是在当今全球化条件下中国和平崛起的一种智慧、风度、雅量、修养、博大和美德。

保罗-亨利·莫奈在形容我和雷诺策划的中法建交 50 周年巴黎大皇宫中国之夜活动时，曾用法国作家雨果的那段话赞美比天空更宽阔的人的胸怀，认为这种胸怀可以在不同国家、历史、宗教、文化与文明之间架起一座心灵的沟通桥梁。

我想，当中国的宽容文化成为在全球化时代化解不同文化背景下人与人之间误解和冲突的一缕阳光、一股春风、一把钥匙时，当中国人宽容的美德放射其独特的人性光芒的那一时刻，我们还用担心中国的和平崛起得不到亚洲和世界人民的认同与支持吗？

（二）让世界看到中国的国家精神和道德力量

记得央视主持人白岩松说过这样一件事，他说，他无意中在美国华盛顿新闻博物馆里看“9·11 恐怖袭击”翌日世界各国报纸集锦，全世界无一例外将“9·11”作为报纸的头版头条，唯有中国《人民日报》却是国家领导人点燃第九届全国运动会火炬的新闻，震惊全世界的“9·11”惨案只是在次版新闻中一笔带过。

时间过去了 16 年，我想，如果今天《人民日报》再处理类似新闻事件时肯定不会出现那种曾让白岩松遭遇的尴尬，原因是随着中国的和平崛起，中国社会各界对外部世界的命运及其特殊的语境、价值理念有了深刻的理解，这个理解的过程也是对这种人类共同的价值理念的认同过程，如对生命的赞美、对恐怖犯罪行径的谴责等涉及人类和平与战争、公平正义等普世价值上所必须建立的高度一致。

其实，这就是对习近平主席提出的人类“命运共同体”的最基本解读，在这种共同体思想中，中国的命运与人类的命运是一致的，对无辜平民的戕害，对生命的践踏，不管受害者是什么肤色，什么宗教背景，都是对整个人类的进攻，也是对中华民族的进攻，是一种彻头彻尾的反人道罪行。

然而,无论是中国认识世界,还是世界认识中国,双方彼此的沟通依然路途漫漫。

就世界而言,在改革开放前,中国游离于世界之外,中国不存在向世界有效传播国家形象问题,原因是双方处在不同的语境里相安无事。而今天的世界日益呈现全球化的特点,中国不仅拉动了世界经济,出口商品占了世界对外贸易的重要份额,每年上亿人次中国人在世界各个角落出没,到 2025 年,出没于世界各个角落的中国人次将超过 10 亿,世界怎么又能对此无动于衷?

环顾当今的世界,中国的商品已无处不在,中国人无处不在,对中国经济,无论是最保守的还是最积极的欧美经济学家预测,均认为会在下一个十年顺利超越美国的经济总量。

此时此刻,如果中国文明的复兴和崛起给世界继续提供的仅仅还是商品和服务,唯独没有中国人的思想和思想的温暖的话,抑或国家精神及其道德力量的话,中国与世界的沟通依然会出现赤字。

在北京教科文"'一带一路'文化互动地图研讨会"上,英国学者 Shirin Akiner 给我讲了一战中华工的故事,这个可歌可泣的故事已经百年,勾起我的则是无限的辛酸。而历史轮回又到今天,也就是一战结束 100 周年后一个强大的中国已经屹立在世界的东方。

这个百年轮回充满情感,充满历史寓意,它不仅是因为有不平等的《凡尔赛条约》,有荡气回肠的五四运动,更有轰轰烈烈的留法勤工俭学运动,以及蔡和森等风华正茂的一批青年汇聚在蒙塔尔纪念公园,畅想成立中国共产党和对中国和人类未来的美丽憧憬……

显然,站在新的百年的起点,中国的复兴和崛起应该与历史上所有列强的崛起不同,这是时代所决定的,人类毕竟已进入 21 世纪,中原逐鹿、诸强争雄、刀光剑影已成为过去。

同样,苦难深重的历史使中华民族更加渴望和平,渴望世界的公平与正义。作为这样一个和平民族和文明,她的崛起和复兴必然是和平的。

在这样的中国文化和文明背景下,我们又该如何去塑造或迎接在世界范围内中国人文崛起的国家新形象呢?

无疑,当全世界的眼光一齐注视中国时,人们更需要看到的是一个富有走出历史悲情的民族精神,一个世界地球村里充满自信的国民心态,一个拥有爱祖国爱人类的阳光青年一代,一个谦逊、淡定、包容的氛围,一个充满活力、有温暖、讲信誉、乐善好施的社会,一个对世界公平正义负有道义责任的大国形象。

自 1648 年《威斯特伐利亚和约》确立近代国家关系准则以来,沧海桑田,国际关系近 500 年发生了全面深刻的变化,实用主义外交、霸权主义、强权政治的影响虽依然存在,但人类社会在处理国际关系时始终没有忘记对国际关系中道德问题的关注。

有意思的是,一战结束,也是被誉为理想主义外交思想杰出代表的美国威尔逊总统提出了外交关系著名的“威尔逊十四条”,人类在经历两次世界大战后,国际关系进程中国际道义责任或约束力、影响力依然持续不断上升,并构成了当今全球化条件下国际社会的共治基础。

我发现,近期国内不少学者积极呼吁重视对外交的道德观研究,强调国家对外政策不能完全靠钱来“搞定”,而这样的讨论其实也是国内围绕“社会主义核心价值观”讨论的延展，是对中国共产党十八大以来提出的人类“命运共同体”，特别是在十九大提出的新时期中国外交理念与价值观讨论的延展。

显然，最好的国家形象传播莫过于国家核心价值观及其国家的精神和道德力量在国际舞台上的彰显。

古人说得好，“德不孤，必有邻”！

一个好的国家形象靠的是大国的国际道德力量，靠的是其向国际社会尽可能多地提供“善”的公共产品，靠的是其自身一个充满温暖、讲信誉、乐善好施的社会活力，而非仅仅是对世界 GDP 增长拉动的贡献，抑或向世界提供再多的商品和服务，或中餐、中医、茶叶、丝绸等高雅的生活艺术。

无疑，中国正面临着和平崛起的最好历史时期，在前阶段向国际社会提供如此丰富的商品与服务的基础上，在当下和下一个阶段，向世界提供更多的思想产品、更多的和平理念，在国际事务中发挥更大的道德引领力量，必将会使中国的和平崛起从一开始就占据着国际道义制高点，并在不断提高自身国家软实力和国际公信力的同时，提高国家形象对外传播能力，赢得国际社会成员更多的尊重和支持。

由于种种原因，我们前阶段对这些国家道德理念讲述得还不够多，如在联合国教科文组织总部，我们比较重视各种中国非物质文化遗产的演出和展览，对杜维明教授提到的文化对话、价值对话不甚重视，也正因为如此，当许嘉璐先生的“尼山世界文明对话”论坛移师到教科文总部时，受到的欢迎是始料不及的。

我觉得杜维明有关开展与西方国家文明价值对话的建议

是非常中肯和及时的，我们的“和平崛起”必须要有道德理念的支持，而这种道德理念并不是标语口号，而是看得见摸得着的世界的普适性价值。

也许，这就是许纪霖等人提到的中国的“文明崛起”。

事实上，由于当下美国总统特朗普奉行的保护主义和反全球化的外交战略，以及英国脱欧，欧洲饱受恐怖主义袭击，经济低迷，中国已被历史地推到了世界领导者的地位。

在某种程度上，中国的一言一行也已成为国际社会的新的风向标，中国的国家核心价值观及其国家的精神和道德力量在每时每刻接受着世界的拷问。

100 年前，一个叫美利坚的年轻国家取代了欧洲列强，并迅速成为世界主要的大国，在整个过程中，人们清楚地记得一战时期威尔逊总统著名的“十四条”和二战后的“马歇尔计划”，及后来在世界各地充斥的各种美国商品、可口可乐饮料、米老鼠卡通片和好莱坞大片，还有参议员富布赖特推动美国与世界青年的交流计划和各种好莱坞大片所宣扬的那种美国精神……

100 年后的今天，一个叫中国的古老国家重新焕发青春，在国际舞台上扮演着越来越重要的角色，中国所焕发的活力和每天所发生的一切如同百年前美国的崛起一样，吸引着全世界的注意力。

在美国南加州大学外交中心与波特兰咨询公司联合发布的 2017 年全球软实力三十强排名榜中，中国较前一年有明显进步，位列全球第二十五。

与此同时，2017 年度最新的美国民调机构“皮尤研究中心”民调表明，全球民众对美中两国的好感度已难分伯仲，好感度分别为49%和47%，仅仅相差2个百分点。

在皮尤研究中心采样的38国中，高达12国民众选择中国作为世界领袖，其中包括欧洲10国中的7国，以及像加拿大、澳大利亚那样传统的美国后院国家，而在两年前，38国中仅6国看好中国的世界领导作用。

中国国家形象在欧美国家的提升原因很多，但不可否认中国外交所展现的国家核心价值观及其道德力量是至关重要的，如，中国积极支持联合国2030发展目标，愿意与世界各国人民“同呼吸、共命运”；向联合国提供10亿美元维和基金和2 000亿人民币“气候变化南南合作基金”；坚定支持“巴黎气候协议”；为人类破解和平赤字、发展赤字、治理赤字等难题积极提供“中国方案”，等等。

所有这些显示国家人格的暖心项目必然会换来世界的认可和尊重。

记得在世博会运营最繁忙和困难的时候，有不少人向我感慨在中国办世博会的难处，感慨中国与世界的接轨还需要办另一届世博会或需要另一代人。

然而，世博会结束后不到10年，改变已经开始，中国的国家精神和道德力量已经在国际舞台上开始彰显。

站在世界历史文明之巅看今日之中国的发展，这也是中国历史上最好的时期，也是离世界政治舞台中心最近的时期。

但站在中国民族复兴两个百年的新起点，中国要走的路还很长很长，中国对外国家形象传播还要更具正能量，更有高度，更能打动人心，还需要更多更多的国际沟通，其中包括国家道德和精神理念的沟通。

在这个中华民族复兴的历史节点，我想，我们除了自身不断强调道路自信、理论自信、制度自信、文化自信，是否还应该通过我们每个人的对外沟通工作，让世界同样看到体现在我们每个中国人身上的这种自信？

在这样一个中华民族承上启下的时代，中华民族的伟大复兴已从物质与财富的复兴走向精神的复兴，中华民族则从毛泽东时代“站起来”、邓小平时代“富起来”，进入到了习近平为核心的新一代党中央所开创的中华民族“强起来”的新纪元。

在这样一个全新的历史背景下，如同习近平十九大报告中指出的那样，“推进国际传播能力建设，讲好中国故事，展现真实、立体、全面的中国，提高国家文化软实力”应该是中国全社会的共同工作——一个功在当代、利在千秋的伟大事业。

是的，在这样的国际沟通新的万里长征中，在感到沟通者沉重的历史责任的同时，让我们倍受鼓舞的是，经过改革开放40年的锻炼，我们国家已经拥有了一支专业和非专业人士相结合的国际沟通队伍，并且这支沟通队伍使中国社会激发出了各种公益力量，其中自然包括我在教科文组织平台上亲眼目睹的滚滚公益洪流，如渭南农民艺术家、北京人大附中学生、少林寺武僧，还有吴晶、刘远长、姜昆、朱明瑛、陈爱莲、黄怒波、翁以煊、张军，以及国际艺术大师蔡国强、音乐指挥家谭盾，还有果敢、柯文等，在这些知名和不知名的中国人身上，世界已经看到了他们所承载的中国人的和平文化与国家道德精神，感受到了一个多元、真实，蓬勃向上、温暖的中国，以及为什么中国的和平崛起会给世界带来更美好的明天……

图书在版编目(CIP)数据

跨文化沟通——国家形象的有效传播/徐波著. —上海：复旦大学出版社,2018. 1
ISBN 978-7-309-13368-4

Ⅰ. 跨… Ⅱ. 徐… Ⅲ. 国家-形象-文化传播-研究 Ⅳ. D5

中国版本图书馆 CIP 数据核字(2017)第 271040 号

跨文化沟通——国家形象的有效传播
徐 波 著
责任编辑/邬红伟

复旦大学出版社有限公司出版发行
上海市国权路 579 号 邮编：200433
网址：fupnet@fudanpress.com http://www.fudanpress.com
门市零售：86-21-65642857 团体订购：86-21-65118853
外埠邮购：86-21-65109143 出版部电话：86-21-65642845
上海市崇明县裕安印刷厂

开本 890×1240 1/32 印张 8.375 字数 172 千
2018 年 1 月第 1 版第 1 次印刷

ISBN 978-7-309-13368-4/D·913
定价：26.00 元